가장 완벽한 ADHD 양육 가이드

★ **일러두기**
이 책에 등장하는 아이들은 모두 가명이며, 실제 사례를 재구성했습니다.

가장 완벽한 ADHD 양육 가이드

박소영 · 조성우 · 고민수 · 김병욱 지음

프롤로그

ADHD 아이,
저마다의 속도로 자랍니다

진료실에서 "ADHD 진단이 가능합니다."라는 말을 꺼내면 부모님들은 여러 반응을 보이십니다. 어느 정도 예상하셨다는 듯 "어휴, 그럴 것 같았어요."라거나, "그래도 선생님, 그 정도는 아니지 않나요?"라고 받아들이기 어려워하는 경우도 있습니다. 이따금 "ADHD라는 질병을 얻었다."라는 생각에 세상이 무너진 듯 절망하거나, "그럼 이제 공부는 포기해야겠네요."라고 단념하는 분들을 마주하기도 합니다.

공식 진단명인 주의력결핍 과잉행동장애, ADHD^{Attention Deficit}

Hyperactivity Disorder는 소아청소년정신건강의학과 진료실에서 가장 많이 만나는 질환입니다. ADHD는 분명 치료 가능한 질환으로 ADHD 진단이 아이가 비정상이거나 어딘가 모자라다는 뜻은 결코 아닙니다. 다리 근육이 약한 아이에게 근력 운동을 시키고, 시력이 좋지 않은 아이에게 안경을 씌워 주는 것처럼 자라나는 아이들에게 어려움이 있다면 그에 알맞은 개입이 필요합니다. ADHD라는 성향이 있어도 부모와 치료진이 적절한 도움을 주면 아이가 더욱 편안하게 생활하고 잘 성장할 수 있습니다.

하지만 ADHD 자녀를 키우는 양육자들, ADHD 학생을 교육하는 교사분들은 생각보다 많은 난관에 부딪힙니다. 이웃집 아이는 ADHD 치료를 받고 눈에 띄게 차분해지고 성적도 올랐다던데, 내 아이는 여전히 지시를 따르지 않고 할 일을 미루고 충동적인 모습을 보이면 무척 힘들게 느껴지기도 합니다. 똑같은 지적을 몇 번이고 반복해도 행동이 바뀌지 않고 상황이 도돌이표처럼 계속되면 부모의 말과 훈육도 더 날카로워집니다. 부정적인 감정이 오가는 나날은 아이도 부모도 너무나 고통스럽습니다. 부모와 자녀 사이의 날 선 다툼이 늘어 관계가 악화되거나, 학업에 자신감이 저하되어 공부나 학교 자체를 싫어하게 되기도 합니다.

이 책을 쓰기 위해 모인 저희 네 명 또한 가장 많은 환자를 만나 보고 치료해 온 질환임에도 여전히 ADHD에 대해서 치열하게 논의하고 고민합니다. 왜일까요? ADHD라는 동일한 진단명의 아이들이라도 그 모습이 다양하기 때문입니다. 진료실에 뛰어 들어와서 춤을 추는 아이도 있고, 친근하게 다가와서 안기는 아이도 있습니다. 낯을 많이 가려 책상 앞에 서 쭈뼛쭈뼛하는 아이도 있고, 이미 부모님께 혼이 많이 나서 주눅이 들거나 반대로 화가 머리끝까지 나서 소리를 지르는 아이도 있습니다. 아이의 나이와 상황, 기질과 성격, 지능 그리고 부모의 양육 방식에 따라 접근법과 치료법도 달라집니다. ADHD 아이의 가정환경이나 가족 구성에 따라서도 치료법이 다르고, 학교 진학 등 삶의 변화에 따라 접근법이 달라지기도 합니다.

ADHD는 정신과적 진단 분류 안에서 발달 장애로 분류됩니다. ADHD의 증상이 발달 과정에서 변화할 수 있으며, 아이의 건강한 발달에 어려움을 끼칠 수도 있다는 의미입니다. 예를 들어 병원에 내원해 ADHD로 진단받는 아동기 아이들이 대략 열 명이라면, 청소년기에는 세 명 이하로 줄어드는 양상을 보입니다. 발달 과정에서 적절한 개입과 도움을 받은 아이들이 더 이상 우려할 수준의 어려움이나 문제점을 보이지 않게 되는 것입니다. 반대로, 어린 시절

ADHD 단독 진단을 받았던 아이들 중 점점 문제가 악화되면서 동반 질환을 갖게 되는 경우도 상당히 많이 있습니다. 전체 ADHD 아동 중 동반 질환이 있는 아이가 60~80퍼센트에 달하는데, ADHD의 특성으로 발달 과정에서 불안, 우울 및 자존감 저하 같은 정서적 문제나 학업 문제, 적대적 반항 장애, 부모, 친구와의 관계 문제 등 다양한 2차적인 어려움을 겪을 수 있습니다.

이처럼 한 아이 안에서도 발달 시기마다 다른 속도를 가지는 ADHD를 어떻게 바라봐야 할까요? 우리는 아이들을 어떻게 이해하고 도와줘야 할까요? 아이가 ADHD 특성을 보인다면 적절한 시기에 빠르게 개입하여 도움을 주는 것이 최선입니다. 그러기 위해서는 아이들과 가장 가까이 있는 부모, 양육자, 나아가서는 교사분들께서 ADHD의 특징과 증상을 정확히 이해하는 것이 가장 중요합니다. ADHD 아이의 문제 행동이나 충동성, 지시를 따르기 어려워하는 모습이 단지 아이의 게으름이나 반항적 태도, 성격의 문제가 아니라는 것을 이해하고 받아들일 때 제대로 아이를 도울 수 있습니다.

이 책은 현장에서 매일 ADHD 아이들과 부모님을 만나는 소아정신과 의사 네 명이 함께 뜻을 모아 썼습니다. ADHD 아이를 키우면서 자책하는 부모님들이 참 많습니다. 아이를 도와주고 싶은데 방법을 모르겠다고 호소하는 엄마, 행동을 고쳐 주려다 화를 많이 내게 되어 아이와 관계가 틀어져 버린 아빠, 학교에서 매일 전화를 받아서 전화벨만 울려도 심장이 쿵 내려앉는 엄마, 사춘기 아이와 한 달 동안 말을 하지 않는 아빠……. 사실은 모두가 아이를 돕기 위해 애쓰시고 있다는 것을 알고 있습니다. 이 책은 그러한 모든 부모님을 위해 쓰였습니다.

수만 명의 ADHD 아이와 부모님을 만나 온 진료실 현장의 생생한 경험과 ADHD 아이를 둔 부모를 대상으로 부모교육 프로그램을 진행하며 쌓아 온 수년간의 이야기를 이 책에 담았습니다. ADHD 아이들이 모두 각기 다른 특성을 보이듯 저희 네 명의 소아정신과 전문의도 다양한 측면에서 아이의 행동을 이해하고 성장을 도와주는 현실적인 방법을 담아내려고 노력했습니다. 부디 이 책을 통해 부모가 아이를 더 잘 이해하고 적절히 도와줌으로써 아이가 더욱 건강하게 성장하면서 자신을 더 아끼고 사랑할 수 있길 바랍니다.

우리 아이 ADHD 가능성을 알아보는
ADHD 자가 진단 체크리스트 62

'조금 산만하고 에너지가 높긴 한데, 원래 애들은 그런 거 아닌가?'
'공부할 때 집중을 못 하는 것 말고는 차분한데, 조용한 ADHD일까?'

성인에 비해서 집중 시간이 짧고, 좋아하는 놀이만 하고자 하며, 이성적 판단보다는 본능이 앞서는 모습은 세상 모든 아이들의 특성입니다. 다만 이러한 성향이 또래와 비교했을 때 눈에 띄거나 보편적인 발달 수준에 비해 조절이 어려워 일상생활에 어려움을 겪는다면 ADHD를 의심해 볼 수 있습니다.

다음은 유아동기 ADHD 아이의 일상에서 관찰되는 다양한 예시를 모은 체크리스트입니다. 내 아이가 얼마나 해당되는지 한 번 확인해 볼까요?

■ 정적인 활동, 놀이를 할 때

	자가 체크 문항	해당
1	놀이 집중 시간이 짧아서 한 가지 놀이를 오래 지속하지 못한다.	
2	좋아하는 놀이는 한두 시간도 거뜬하지만 하기 싫은 것은 10분도 넘기기 어렵다.	
3	좋아하던 활동을 멈추고 다른 활동으로 전환이 어렵다.	
4	손으로 하는 과제나 앉아서 하는 작업을 할 때 빈번히 자리에서 일어나거나 몸을 가만히 두지 못한다.	
5	지루하거나 집중이 어려울 때, 또는 몰입할 때 손톱 주변을 반복적으로 뜯거나 다리를 떤다. 어떤 경우 자위와 유사한 행동을 하기도 한다.	
6	책상이나 주변이 항상 어지럽혀져 있어 자신의 물건을 찾지 못한다.	
7	엉덩이를 오래 붙이고 앉아 있지 못하고 의자 위에 서거나 계속 자세를 움직인다.	
8	과제나 놀이를 끝까지 하기 어려워한다.	
9	숙제할 때 순서를 짜서 체계적으로 진행하는 것을 어려워하고 시작을 미룬다.	
10	어려운 문제를 접하거나 놀다가 원하지 않는 상황을 맞닥뜨리면 쉽게 분노하고 좌절한다.	

■ **가정에서**

11	매일 하는 일상적인 루틴을 기억하지 못한다.
12	한두 번 말해서는 행동으로 옮기지 못하고 여러 번 말해야만 그제야 움직인다.
13	잠시도 가만히 있지 못하고 계속 돌아다니고 움직이며 꼼지락거린다.
14	TV나 미디어도 한 가지를 오래 보지 못하고 리모컨을 계속 돌린다.
15	사소한 일로 형제자매에게 시비를 걸거나, 건드려서 갈등을 일으킨다.
16	혼자 노는 법이 없고 계속 주변 사람에게 칭얼대고 집적댄다.
17	매일 생활하는 집 안에서도 자주 부딪히고 넘어진다.
18	아침에 기상을 어려워하거나 밤에 잠들기 어려워 한다. 혹은 자주 깨서 수면의 질이 좋지 않다.
19	옷이나 양말, 속옷을 아무렇게나 벗어 두고 어디 있는지 찾지 못한다.
20	초등 고학년이 되어서도 양치, 샤워 등 위생 관리를 스스로 챙기지 못 하고 미룬다.

■ 대화할 때

21	혼자서만 말하며 타인의 말을 듣지 않는다.	
22	질문을 하고 나서 대답을 듣지 않는다.	
23	본인 혼자서만 아는 내용을 맥락 없이 갑자기 말한다.	
24	대화 도중 기다리지 못하고 남의 말을 끊고 말한다.	
25	끊임없이 말을 해서 듣는 사람이 피곤할 정도다.	
26	말의 주제가 계속 바뀌어서 처음 내용과 달라진다.	
27	본인이 말한 것도 잊어버린다.	
28	다소 추상적인 질문을 하면 "모르겠다.", "기억이 안 난다."라고 대답한다.	
29	불필요한 디테일까지 너무 장황하게 이야기한다.	
30	말하는 속도가 너무 빠르거나 혹은 반대로 너무 느리다.	
31	가끔 말을 더듬을 때가 있다.	
32	하고 싶은 말이 있는 것 같은데 뭐라고 해야 할지 몰라서 말을 못 하는 것처럼 보인다.	
33	상대의 말을 못 듣고 자기만의 생각에 빠진 것 같이 멍하게 보일 때가 있다.	

■ **야외에서**

34	공공장소에서 너무 크게 소리 지르거나 뛰어다녀서 지속적으로 주변 사람들을 방해한다.
35	주변을 제대로 살피지 않아 위험한 순간들이 있다.
36	큰소리로 야단쳐도 행동 제어가 어려워 손으로 붙들어야만 한다.
37	너무 즐겁게 놀다가 화장실 가는 타이밍을 놓쳐 소변 실수를 하기도 한다.
38	도서관, 교회 등 조용해야 하는 공공장소에서 조용하지 못하고 목소리 크기 조절이 어렵다.
39	공공장소 예절을 지키지 않아 부모가 주변에 사과를 하는 상황이 자주 생긴다.

■ **학교, 유치원에서**

40	수업 시간에 멍하게 딴생각을 하다 자주 지적받는다.	
41	자기 자리 정리가 어렵고 주변이 어수선하다.	
42	수업 시간에 가만히 있지 못하고 몸을 비비 꼬거나 계속해서 움직인다.	
43	수업 시작 종과 쉬는 시간 종 치는 것에 따라 행동 전환이 어렵다.	
44	교사의 지시를 끝까지 듣지 못하고 성급하게 실행한다.	
45	교사의 지시를 듣지 않고 딴짓을 한다.	
46	수업 시간에 주제와 관련 없는 질문을 반복하거나 교사의 말을 끊는다.	
47	지루한 과제를 할 때 집중 시간이 짧아 계속 딴짓을 한다.	
48	수업 시간에 자주 화장실을 가겠다고 한다.	
49	자기 순서를 기다리지 못한다.	
50	교사에게 지적을 받거나 혼나면 억울함을 다스리지 못하고 분통 터져 한다.	

■ **또래 관계에서**

51	또래 친구들과 별거 아닌 일로 갈등이 자주 생긴다.
52	'악의 없이' 한 행동으로 또래의 기분을 상하게 한다.
53	친구들 사이에서 귀찮거나 시끄러운 아이로 취급받는다.
54	주변 분위기 파악을 못 해서 눈치 없다는 소리를 듣는다.
55	친구가 재미없어하는 이야기를 혼자 신이 나서 계속 얘기한다.
56	화가 나거나 흥분하면 의도치 않게 친구를 밀치거나 때리는 경우가 있다.
57	감정 기복이 커서 하루에도 몇 번씩 기분의 업다운이 심하다.
58	친구에게 지나치게 가까이 다가가서 친구가 불편해한다.
59	조용한 듯 보이지만 엉뚱한 소리를 해서 사차원 같다는 평가를 받는다.
60	친구들에게 오해받는 일이 자주 있고, 억울해한다.
61	긴장을 많이 하고 또래 친구에게 쉽게 다가가지 못한다.
62	또래와 친밀한 관계를 만들지 못하고, 친한 친구가 없는 것 같다.

■ 결과

30개 이상	ADHD 확실	병의원을 방문하여 ADHD 검사와 상담을 받길 권합니다.
20개 이상	ADHD 의심	가정과 학교에서 문제 행동이 지속될 시 병의원 방문을 권합니다.
10개 이상	ADHD 꿈나무	일상생활에 어려움이 있다면 ADHD를 의심할 수 있습니다.
10개 미만	ADHD 가능성 적음	아이의 기질을 인정해 주고 올바른 행동을 지도해 주세요.

★ 가정 내의 교육이나 꾸준한 도움에도 불구하고 아이에게 체크리스트 항목과 같은 모습이 빈번히 나타나며, 이로 인해 아이의 일상생활, 혹은 단체 생활 및 부모 자녀 관계에 부정적인 영향을 끼친다면 ADHD를 의심해 볼 수 있습니다.

★★ 자가 체크리스트는 증상 예시로, 정식 의학적 진단이나 평가 도구가 아닙니다. 정확한 진단은 소아정신건강의학과 또는 정신건강의학과 전문의와의 직접 면담이 필수적입니다.

차례

프롤로그 ADHD 아이, 저마다의 속도로 자랍니다 … 5
ADHD 자가 진단 체크리스트 62 … 10

Part 1 속도가 다른 아이 제대로 알기

1 ADHD, 이름은 익숙하지만 잘 모르는 세계 … 29
- ADHD에 대한 가장 큰 오해 … 30
- ADHD를 보는 새로운 시각 … 32
- ADHD는 드문 질환이 아니다 … 34
- 아이의 ADHD는 부모 탓이라는 착각 … 36
- ADHD는 단순히 전두엽 문제가 아니다 … 38

2 ADHD 제대로 이해하기   41
- 집중력 부족보다 결정적인 ADHD 증상   42
- 조용한 아이도 ADHD일 수 있다   46
- ADHD 아이를 위한 복합적인 치료   53
- ADHD 아이는 어떻게 어른이 될까   55

Part 2 아이의 속도에 맞춰 함께 걷는 법

3 아이의 눈으로 세상을 다시 보기   63
- 멈추지 않는 에너자이저 준오, 왜 그런 걸까?   64
- 아이의 자기 조절 능력과 감각 통합 능력   67
- 외부 자극에는 과하게 반응하고, 내부 신호는 알아차리지 못하는 아이들   69
- 탓하지 말고 도와줘야 하는 이유, 뇌의 각성   71

4 조절이 서툰 아이, 어떻게 도와줄까? — 74

- 적극적 경청: 아이 상태 파악하기 — 75
- 루틴 정하기: 본인의 리듬 발견하기 — 77
- 에너지 마음껏 발산하기: 충분한 신체 놀이 — 79

5 충동적인 아이, 어떻게 도와줄까? — 82

- 다른 사람의 말은 듣지 않는 수다쟁이 예은이, 왜 그런 걸까? — 83
- ADHD는 타고난 기질 탓일까요? — 86
- 조율하는 부모가 아이의 자기 조절력을 키운다 — 92
- 쌍방향 대화하기: 사회적 소통 능력 기르기 — 94
- 생각할 기회를 주는 질문하기: 사고와 감정의 폭 넓히기 — 97

6 부모 말을 무시하는 아이, 어떻게 소통할까? — 101

- 민호는 안 듣는 걸까, 못 듣는 걸까? — 102
- ADHD 아이가 지시를 따르기 어려운 이유 — 104
- 지각-인지-실행으로 이어지는 3단계 지시 방법 — 106
- 아이의 뇌를 알면 훈육이 달라진다 — 110

7 아무리 말해도 약속을 어기는 아이, 어떻게 도와줄까?   113
- 잔소리 없이는 움직이지 않는 민준이   114
- ADHD 아이의 기억력과 시간 개념   116
- 구체적이고 단순한 말이 중요합니다   120

8 고집스러운 아이, 어떻게 지시할까?   124
- 말싸움에서 엄마를 꼭 이기려는 서연이   125
- 느슨한 권유 대신 꼭 필요한 경계 세우기   127
- 누구도 지지 않는 대화법   132

Part 3 속도가 다른 아이를 위한 맞춤형 가이드 – 훈육, 칭찬, 공감

9 훈육할 때는 제대로 훈육하기   139
- 혼내도 그날뿐, 원점으로 돌아가는 이유   140
- 훈육보다 먼저 점검할 것   142
- 훈육이 반드시 필요한 문제 상황 4   146
- 화내지 않고 아이를 성장시키는 훈육의 기술   148
- ADHD 아이 훈육 원칙 4   157
- 훈육 후 관계를 다지는 대화법   167

10 칭찬할 때는 제대로 칭찬하기   169
- ADHD 아이, 보상 의존성 이해하기   170
- ADHD 아이에게 동기를 부여하는 법   172
- 결과보다는 과정을 칭찬하기   175
- 고맙다는 말 자주 하기   177

11 마음을 헤아리고 공감하기 181
+ 말을 하지 않는 아이의 마음도 헤아릴 수 있다 182
+ 아이의 마음을 여는 거울 대화 186
+ 공감 대화로 버릇이 없어질까 걱정된다면 189
+ 어떻게 하면 좋을까 질문해 주세요 193

Part 4 속도가 다른 아이를 위한 실전 훈련 – 사회성, 자기 관리, 마음챙김

12 너와 나를 알아가는 사회성 연습 203
+ 자기 인식 연습: 자기 말만 해서 대화가 어려운 아이 205
+ 생각 전환 연습: 고집이 세고, 융통성이 없는 아이 207
+ 소통력 연습: 자기중심적이고 공감을 못 하는 아이 211

13 속도가 다른 아이를 위한 맞춤형 환경 만들기　　220

- 구조화 연습: 계획하고 행동하기 어려운 아이　　221
- 자율성 연습: 행동의 이정표를 만들어 주세요　　224
- ADHD 아이를 위한 다섯 가지 공간 관리법　　226
- ADHD 아이를 위한 세 가지 시간 관리법　　232
- 과제를 끝까지 해내게 하는 다섯 가지 원칙　　238
- ADHD 아이, 미디어와 건강하게 거리 두는 연습　　247
- 시행착오 속에서 성장하는 아이들　　250

14 부모와 아이가 함께 자라는 마음의 기술　　252

- 아이와 함께하는 마음챙김 연습　　254
- 주의력 조절을 키우는 하루 10분 명상　　256
- ADHD 자녀를 둔 부모의 육아 번아웃과 회복　　267
- 마음이 단단한 부모가 아이의 마음을 키운다　　279
- 완벽한 부모 대신 함께 성장하는 부모가 되어 주세요　　286

에필로그 부모의 사랑이 아이의 내일을 키운다　　290

| 부록 | **약물치료, 두려움보다 이해가 먼저입니다** 294

- ADHD에서 약물치료를 권하는 기준 295
- ADHD 약물의 효과 296
- ADHD 약물의 종류 300
- ADHD 약물치료에 관한 흔한 오해 303
- 약물 복용만으로 해결되지 않는 부분 306
- 약물치료는 더 나은 내일로 가기 위한 발판입니다 309
- 약물치료의 부작용은 없을까? 310
- ADHD 약물은 언제까지 복용해야 하나요? 312

| 부록 | **ADHD 아이 양육에 도움이 되는 자료** 317

- 사이트 317
- 유튜브 318
- 도서 319

주 321

속도가 다른 아이
제대로 알기

ADHD, 이름은 익숙하지만 잘 모르는 세계

 어느새 ADHD는 우리에게 흔하고 익숙한 진단명이 되었습니다. 주변에서 ADHD 진단을 받았다고 하면 걱정하지 말라고 조언을 하기도 합니다. 하지만 막상 우리 아이가 진단을 받으면 그때부터 ADHD는 미지의 영역이 되어 버립니다. ADHD라는 질환이 정말 존재하는 질환인지, 부모가 잘못 키워서 그런 것은 아닌지 각종 정보를 밤새 뒤적이지만 출처마다 말이 조금씩 달라 더 혼란스럽기만 하죠. ADHD라는 진단을 제대로 이해할 수 있도록 ADHD의 역사와 유병률, 그리고 원인에 대한 정확한 사실을 짚어 봅시다. 먼저 진료실에서 준수의 이야기를 들려드리며 하나씩 풀어 가 보겠습니다.

ADHD에 대한 가장 큰 오해

"선생님, 저 오늘 자랑할 것이 정말 많아요. 담임선생님이 제가 우리 반에서 가장 발전한 아이래요. 오늘 학교 끝나고는 친구들이랑 야구 하고 왔어요. 요새 매일 친구들이랑 야구 하는데 정말 재미있어요. 커서 야구 선수가 될래요."
"정말? 야구선수라는 꿈이 생겼구나! 준수야, 요새 학교 가는 것이 즐거운 것 같네?"
"네. 저 방학보다 학교에 가는 날이 더 재미있어요. 친구들도 많이 생겼어요. 저 진짜 꽤 잘 지내고 있어요. 이번에는 마음이 슬픈 적이 한 번도 없었어요."

얼마 전 진료실에서 초등학교 5학년 준수와 나눈 이야기입니다. 진료를 하다 보면 아이와 깊이 연결되는 순간이 있습니다. 운동 틱 증상으로 눈을 깜박거리며 5학년 생활이 재미있다고 말하는 준수를 보며 어느새 눈시울이 붉어졌고, 준수의 눈가도 촉촉해졌습니다.
그도 그럴 것이 2년 전 처음 소아정신건강의학과 진료실에 왔을 때 준수는 답이 정해져 있지 않은 질문에는 당황하며 "모르겠어요."라는 답만 반복했습니다. 마치 혼나러 온 아이처럼 제 눈치를 보기에 급급했죠. 준수 부모님 또한 많이 지쳐 있었습니다. 준수가 초등학교에 입학한 뒤, 준수 엄마는 담임선생님께 수시로 연락을 받았습니다. 아이가 수업 중에 자리에 앉아 있지 않고 돌아다니며 친구들을 방해한다는 것이었죠. 초등학교 3학년이 되어서는 수업 중 어려운 문제가 나오면 눈물을 흘리거나 심하게 짜증을 내 수업 진행이 어렵다는 연락을 받았습니다. 친구들도 준수에게 다가가지 않는다고 했습니다.

집에서도 준수는 학습지를 미루거나 여동생에게 짓궂은 장난을 치다가 혼나는 일이 많았습니다. 준수는 엄하게 야단치는 아빠 앞에서는 잘못했다고 했지만 사실은 속으로 억울하다는 생각만 가득했다고 말했습니다.

ADHD 진단을 받고 치료를 받은 후 준수는 달라지기 시작했습니다. 이제는 학교생활을 자랑하고, 무서워만 했던 아빠와 즐겁게 야구 이야기도 나눕니다. 아직은 서툴고 허둥대지만 적어도 지금 준수는 또래와 같은 발달 궤도에서 건강하게 자라나고 있음을 저뿐 아니라 준수와 준수 부모님도 알고 있습니다.

준수가 진단받은 ADHD는 과연 어떤 질환일까요? 정말 ADHD라는 질환이 존재하는 걸까요? 준수가 자라나면서 자연스럽게 좋아진 것은 아닐까요? 혹시 준수 부모님의 양육 방식이 원인은 아니었을까요? ADHD 진단을 받았다는 건 준수가 미래에 유능한 사람이 되지 못한다는 뜻일까요? 이런 질문들은 진료실을 찾아오는 부모님들이 가장 많이 하는 질문이기도 하고, ADHD에 대한 대표적인 오해에서 비롯된 것이기도 합니다. 그렇다면 이런 오해에서 벗어나 준수 부모님은 준수를 어떻게 바라보고 도와주었던 걸까요?

ADHD를 보는 새로운 시각

준수 부모님이 담임선생님께 전화를 받기 시작한 것은 초등학교 입학 직후부터였습니다. 수업 시간에 계속 돌아다니고 큰 소리로 말하는 모습 때문이었죠. 준수 부모님은 2학년이 되어서도 나아지지 않는 모습에 정신건강의학과 진료를 고민하기도 했으나 준수 할머니가 "남자애들은 다 그렇게 거칠게 큰다."라고 해 병원을 방문하진 않았습니다. 준수가 학년이 올라가도 계속 학교생활에 적응을 못해서 ADHD 치료를 시작하게 되었지만, 준수 할머니는 여전히 손자에게 약을 먹이는 준수 부모님을 못마땅하게 생각했습니다.

이제는 많이 알려진 질환이지만, 여전히 준수 할머니의 생각처럼 ADHD는 허구라는 인식이 많습니다. 최근 몇 년 사이 대중적으로 인식이 확산되어서 갑자기 등장한 현상이라고 생각하는 분들도 있습니다. 그러나 ADHD의 역사는 18세기 유럽 의학계에서 시작되었습니다. 당시 독일의 멜키오르 애덤 바이카르트Melchior Adam Weikard 박사는 의학 교과서에 '산만하고 충동적인 사람'에 대해 이렇게 기록합니다.

> "주의가 산만한 사람은 아무것도 주의 깊게 보지 않으며, 어디서든 피상적이다. 이런 사람들은 모든 것을 절반만 듣고, 절반만 기억하거나 전달하며, 그것마저도 엉성하게 한다. 그들은 대부분 경솔하며, 실행하기에 어리석은 여러 계획을 떠올리지만 실제 실행에는 일관성이 없다. (중략) 섬유들이 지나치게 부드럽고 민감할 수 있으며, 그 결과 지속적인 주의력을 유지하는 데 필요한 힘이 부족할 수 있다."

그리 낯설지 않은 표현이죠? 바이카르트 박사는 이러한 특성이 일시적이지 않으며 반복적으로 관찰된다는 점, 즉 증상의 지속성을 언급했습니다. 또한 여기서 '섬유'라는 표현은 뇌신경계를 지칭합니다. 산만함, 충동성 같은 특성이 성격의 문제가 아니라 뇌 기능의 문제일 수 있다고 접근한 것이죠. 이런 기술들은 현재 ADHD의 개념과 상당히 맞닿아 있습니다.

이 개념이 더 구체화 된 건 20세기에 접어들 무렵입니다. 1920~1940년대에 걸쳐 뇌 손상을 경험하거나 뇌염을 앓은 이후 산만하고 충동적인 특성이 나타나는 환자들이 관찰되기도 하고, 두통 치료를 목적으로 뇌에 작용하는 정신자극제를 투약하였을 때 주의력이 개선되는 환자들을 관찰하게 된 것입니다. 이런 의학적 발견은 산만하고 충동적인 특성의 주요 원인이 양육 방식, 환경, 성격이라고 보던 시각에 커다란 변화를 일으켰습니다. 1960년대에는 정신질환의 진단 기준 및 통계 편람(DSM)에 '아동기 과잉행동 반응'이라는 진단명이 생기게 되었습니다. 이후 여러 개정을 거쳐 지금의 ADHD, 주의력결핍 과잉행동장애라는 진단명과 진단 기준이 확립되었습니다.

즉 ADHD는 아주 오래전부터 비슷한 증상을 지닌 환자군을 대상으로 연구와 논의가 꾸준히 되어 왔습니다. 그 과정에서 뇌 기능의 어려움으로 인해 주의력결핍, 과잉행동, 충동성 세 가지 핵심 증상이 나타나는 신경발달질환이라는 점이 밝혀졌습니다.

ADHD는 드문 질환이 아니다

초등학교 3학년 남학생 하준이는 1년 만에 다시 병원을 방문했습니다. 수업 시간에 친구와 이야기하는 것을 멈추지 못하고, 끊임없이 엉뚱한 질문을 했기 때문입니다. 1년 전 하준이는 엄마가 "김하준!" 하고 부르기만 해도 눈치를 보며 자세를 고쳐 앉고 질문에 집중을 곧잘 해냈지만, 부모님과의 분리 후 면담에서는 몸을 배배 꼬았고 질문과 상관없는 대답을 장황하게 늘어놓기도 했습니다. 당시 하준이 엄마는 하준이가 ADHD일 수 있다는 설명을 듣고 눈물을 흘리며 말했습니다.

"이해가 안 돼요. 하준이가 문제아라는 생각은 한 번도 안 해 봤어요. 담임선생님이 엄한 남자 선생님이어서 아이와 맞지 않는 것 같아요."

그날 하준이 엄마는 ADHD 치료 여부는 다음 내원할 때 결정하겠다고 했습니다. 1년 뒤에야 다시 병원을 찾았을 때도 하준이가 한 학년에 한두 명 되는 문제아는 아니지 않냐고 눈물을 흘렸습니다.

여러분은 한 학년에 ADHD가 몇 명 정도 될 것 같으신가요? ADHD의 유병률을 보면 한 학년에 몇 명이라고 하는 것보다는 한 학급에 몇 명일지 말하는 것이 맞을지도 모르겠습니다. 국내 연구에 따르면 초등학생의 13퍼센트, 중·고등학생의 7퍼센트가 ADHD에 해당하는 것으로 알려져 있으니, 열 명 중 한 명꼴입니다. 한 학급 당 두세 명은 ADHD 아이라고 볼 수 있는 것이지요. 그러나 2024년도 국민건강보험공단 자료를 기준으로 만 5~19세 소아청소년 중 병원에 가서 ADHD 진단을 받는 '진단유병률'은 2.4퍼센트 정도입니다. ADHD 가능성이 있으나 적절한 검사나 치료를 받지 못하는 아이들이 있다는 것을 알 수 있습니다. 이러한 수치는 2017년도 기준 진단유병률인 0.8퍼센트보다는 급격하게 늘어난 수치이기도 합니다. 이는 갑자기 산만한 아이들이 많아졌기 때문이 아니라 ADHD을 보는 긍정적인 시각이 늘어나 진단·치료의 문턱이 낮아졌기 때문입니다.

흥미로운 점은 진단 자체는 여자아이보다 남자아이가 약 2배 정도 더 많지만, 실제로 병원을 찾는 비율은 남자아이가 3~9배로 훨씬 높다는 것입니다. 남자아이와 여자아이의 진단율 차이는 나이가 들수록 줄어듭니다. 이는 여자아이의 과잉행동과 충동성은 남자아이에 비해 덜 눈에 띄는 경향이 있기 때문에 실제로는 도움이 필요한 상황인데도 병원을 찾지 않는 경우가 많다는 의미입니다. 다행히 최근에는 과거에 비해 '조용한 ADHD'에 대해서 많이 알려지면서 남녀 간 진단유병률의 차이도 점차 줄어들고 있습니다.

아이의 ADHD는 부모 탓이라는 착각

"1년 동안 노력 참 많이 했거든요. 아이가 학교에서 지적을 받는 이유가 제가 습관을 못 잡아 줘서 그런 것 같았어요. 회사에 육아

휴직도 내고 아이한테 집중했어요. 그런데 왜 나아지지 않는 거죠? 저희가 뭘 잘못하고 있는 건가요?"

하준이 엄마는 워킹맘으로, 아이 옆에 있는 시간이 적어서 하준이 ADHD가 된 것 같다고 괴로워했습니다.

"하준이는 면담 내내 어떻게든 제가 던진 질문에 최선을 다해 대답하려고 하고, 정말 진솔하게 자기 마음을 잘 표현해 주었어요. 저는 오히려 어머님이 정말 단단하게 하준이를 키우셨다고 생각합니다. 직장을 다니느라 베이비시터에게 하준이를 맡긴 것이 ADHD의 원인은 아니에요." 제가 답하자 하준이 엄마가 눈물을 그치고 물었습니다. "저 때문이 아니라고요? 그럼 ADHD의 원인은 무엇인가요?"

여러분도 ADHD의 원인에 집안 환경, 보호자의 양육 태도 등이 영향을 미칠 것이라고 생각하시나요? 앞에서도 언급했듯 ADHD는 유전과 뇌 신경, 신경전달물질 등이 관련 있다고 밝혀진 신경발달 질환입니다. 즉 양육 환경과 같은 사회적·심리적인 요인이 발생 원인으로 차지하는 부분은 비교적 적습니다.

특히 다양한 연구 결과에 따르면 ADHD는 유전적인 요인이 약 60퍼센트를 설명하는 것으로 추정됩니다. 물론 이 말이 아이가 ADHD면 부모님 중 한 명은 무조건 ADHD라는 말을 의미하는 건 아닙니다. 왜냐하면 ADHD는 질환을 유발할 정도로 영향력이 큰 특정 단일 유전자가 있기보다는 작은 영향을 미치는 여러 변이 유전자가 복합적으로 작용하여 발생하는 경우가 더 많기 때문입니다. 그러니 "우리 아이가 산만한 것은 당신 때문이다."라는 식의 탓하기는 큰 의미가 없습니다.

ADHD는 단순히 전두엽 문제가 아니다

ADHD가 생물학적인 질환이라면, ADHD로 진단되는 아이들의 뇌는 그렇지 않은 아이들과 어떤 차이를 보일까요? 이와 관련하여 가장 많이 들어 본 뇌 영역이 전두엽일 것입니다. 특히 전두엽의 가장 앞 부분 대뇌 피질에 해당하는 전전두엽은 충동을 조절하고, 수행에 앞서 순서를 계획하며, 실행에 관여하는 영역입니다. 전전두엽의 뇌 성숙 지연 혹은 기능 저하가 주의력 조절, 실행 기능, 충동 억제 등의 ADHD 핵심 증상에 영향을 미칩니다. 많은 ADHD 관련 연구에서도 전전두엽 영역을 중심으로 변화가 발견되고 있습니다.

하지만 ADHD를 '전두엽의 문제다.'라는 한마디로 설명할 수는 없습니다. 전전두엽 피질 외에도 두정엽 피질, 대상 피질, 편도체, 측좌핵, 조가비핵, 꼬리핵, 소뇌 등 여러 뇌 영역이 ADHD와 관련

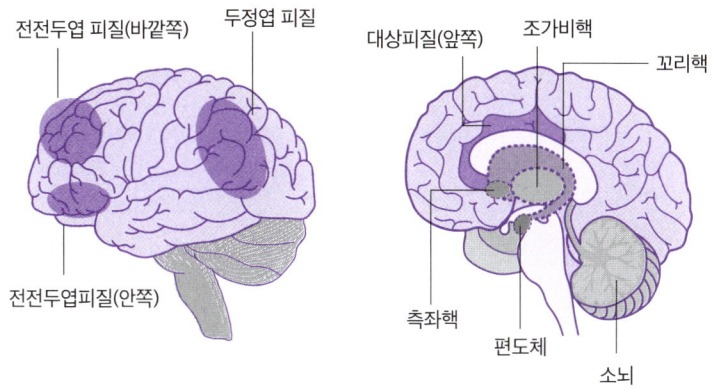

ADHD에서 변화를 보이는 뇌 영역[1]

이 있습니다. 위 그림과 같이 뇌의 바깥부터 안쪽까지 다양한 위치의 영역에서 구조적, 기능적 변화가 발견되고 있으며, 최근에는 각 영역 간의 연결성 또한 차이를 보이는 것으로 알려져 있습니다. 특히 뇌 영역 간 신호 전달에는 신경전달물질이 중요한 역할을 하는데, ADHD에서는 집중과 동기에 관련된 도파민, 각성과 충동 조절에 관련된 노르에피네프린이 부족하거나 수용체 기능이 저하되어 있습니다.

추가로 눈여겨볼 뇌 영역은 편도체와 같이 감정과 관련된 영역과 보상에 반응하는 측좌핵입니다. ADHD 아이들은 편도체와 측좌핵의 발달이 더디기 때문에 쉽게 불안해하고, 짜증을 내며, 지연된 보상에는 쉽게 흥미를 잃습니다.

유전적, 생물학적 차이가 원인이니 '결국 타고난 대로 자란다.'라는 생각으로 아이를 키우라는 것은 아닙니다. 아이의 뇌는 무궁무진하며, 특히 부모님이 문제를 해결하는 방식, 다른 사람을 대하는 태도 등을 모방하며 발달합니다. 또한 무엇보다도 똑같이 ADHD로 진단받은 아이들일지라도 경험과 습관에 따라 뇌의 발달 방향은 또 달라질 것입니다.

2
ADHD 제대로 이해하기

　ADHD 진단에 대한 정확한 정보를 얻는 것만큼이나 어려운 것이 하나 있습니다. 바로 우리 아이를 이해하는 것입니다. ADHD 증상 때문에 숙제하기가 어렵다고 하더니 게임은 몇 시간씩 하고, 똘똘해 보이던 아이가 학업에서는 점점 멀어지고, 초등 고학년이 되었는데도 여전히 방 정리를 전혀 해내지 못하는 모습을 보면 'ADHD가 있는 아이는 앞으로 어떻게 성장할까?' 하는 걱정이 깊어집니다. 'ADHD여도 잘 자랄 수 있을까?' 하는 질문도 자연스럽게 따라옵니다. 지금부터는 ADHD 증상과 진단 유형, 그리고 치료와 경과에 대해 알아보겠습니다.

집중력 부족보다 결정적인 ADHD 증상

고등학교 1학년 남학생 우진이는 얼마 전 집중력이 떨어져 고민이라며 스스로 병원에 찾아왔습니다.

"인터넷에서 ADHD 자가 진단 문항을 확인해 봤는데, 저한테 다 해당하더라고요."

우진이는 최근 들어 자꾸만 친한 친구와 싸운 일이 떠올라서 수업에 집중하기가 어려웠습니다. 시험 기간인데도 공부를 시작하지 못하고 침대에 누워 있어도 공부를 미루고 있다는 생각 때문에 마음 한편은 계속 불편합니다. 저녁 늦게서야 일어나서 밤에 공부를 하다 보니 아침에 일어나기가 어려워 지각하는 날이 늘었습니다. 학교 가라고 깨우는 엄마에게 짜증을 내는 일도 잦아졌습니다. 우진이 엄마는 공부든 다른 할 일이든 알아서 잘 챙기던 우진이가 갑자기 이렇게 변한 것이 당황스럽다고 했습니다.

일정을 자주 까먹는다, 과제를 할 때 집중력이 흐트러진다, 아침에 일어나기 어렵다……. 인터넷에서 흔히 보는 자가 진단 문항입니다. 매스컴을 통해 ADHD가 널리 알려지면서 우진이처럼 아이 스스로 ADHD 치료를 받아 보고 싶다며 병원을 방문하는 경우가 많아졌습니다. 그중에는 정말 ADHD로 진단을 받는 경우도 있지만, 다른 정신질환 진단이나 도움을 고려해야 하는 경우도 적지 않습니다. ADHD는 병원을 방문한 시점에 '집중을 잘하는지'만을 보고 진단하는 것이 아니기 때문입니다.

다음은 정신질환 진단 및 통계 편람 제5판(DSM-5)에 수록되어 있으며, 전 세계적으로 사용되는 ADHD 진단 기준입니다.

■ **아동 ADHD 진단 기준**[2]

항목	진단 기준	세부 증상
주의력 결핍	다음 9가지 증상 중 6가지 이상(17세 이상은 5가지 이상)이 최소 6개월 이상 지속되어야 하며, 기능적 손상을 초래해야 함.	1. 수업이나 일, 혹은 다른 활동을 할 때 주의 집중을 하지 않고 부주의해서 실수를 많이 한다. 2. 숙제나 놀이를 할 때 주의 집중하는 데 지속적인 어려움이 있다. 3. 다른 사람이 이야기할 때 귀기울여 듣지 않는다. 4. 지시에 따라서 학업이나 집안일 등 자신이 해야 할 일을 끝마치지 못한다. 5. 과제나 활동을 체계적으로 하는 데 어려움이 있다. 6. 공부나 숙제 등 정신적 노력이 필요한 일이나 활동을 싫어하거나 하기를 꺼린다. 7. 과제나 활동을 하는 데 필요한 것들을 잃어버린다. 8. 외부 자극에 의해 쉽게 산만해진다. 9. 일상적인 활동을 잊어버린다.

과잉행동 / 충동성	다음 9가지 증상 중 6가지 이상(17세 이상은 5가지 이상)이 최소 6개월 이상 지속되어야 하며, 기능적 손상을 초래해야 함.	1. 가만히 있지 못하고 손발을 자꾸 움직이는 등 주의 집중을 못 한다. 2. 수업 시간이나 가만히 앉아 있어야 하는 상황에서 자리에서 일어나 돌아다닌다. 3. 상황에 맞지 않게 과도하게 뛰어다니거나 움직인다. 4. 조용히 하는 놀이나 오락 활동에 참여하는 데 어려움이 있다. 5. 지속적으로 끊임없이 움직이거나 모터가 달려서 움직이는 것처럼 행동한다. 6. 말을 너무 많이 한다. 7. 질문을 끝까지 듣지 않고 대답한다. 8. 자기 순서를 기다리지 못한다. 9. 다른 사람을 방해하고 간섭한다.

★ 주의력결핍 증상만 있을 경우 주의력결핍 우세형, 과잉행동/충동성 증상만 있을 경우 과잉행동/충동성 우세형, 두 영역 모두 기준을 충족할 경우 혼합형이라고 함.

증상 시기	12살 이전에 증상 시작.
환경적 조건	두 가지 이상의 환경에서 증상을 보임.
기능 손상	사회적, 학업적, 직업적 기능에 명백한 해를 끼침.
감별 진단	증상이 다른 정신질환(불안 장애, 우울증, 자폐스펙트럼 등)으로 잘 설명되지 않아야 함.

진단 기준을 보고 우리 아이가 각 영역의 9개 증상 중 몇 개에 해당되는지 세어 보셨나요? 중요한 점은 '9가지 증상 중 6가지 이상'이라는 숫자보다도 '6개월 이상 증상이 지속되어야 하고, 12세 이전에 증상이 발생하여야 하며, 두 군데 이상의 환경에서 사회적, 학

업적, 직업적 기능에 방해가 되며, 다른 정신장애로 인한 것이 아니어야 한다.'라는 진단 기준에 있습니다. ADHD 진단은 특정 시점에서 아이가 집중을 잘하는지가 아니라, 아이의 연속적인 발달 과정 중에 주의력결핍, 과잉행동, 충동성 증상이 있는지 살펴봐야 합니다. 또한 그 정도가 아이의 기능을 방해하는 수준인지, 우울이나 불안과 같은 다른 어려움으로 인해 나타나는 것은 아닌지 확인해야 합니다.

따라서 아이가 직접 문제를 풀어내는 '지속수행력 검사'와 같은 주의집중력 자체에 대한 객관적 검사가 도움이 되긴 하지만 확진을 위해서는 반드시 정신건강의학과 전문의와 면담이 필요합니다. 면담 과정에서 전문의는 현재 나타나는 주요 증상뿐만 아니라 그 증상과 관련된 다양한 행동 양상과 변화까지 면밀하게 살펴봅니다. 또한 주산기부터 이어지는 전반적인 발달력, 아이의 기질과 특성, 가정환경과 양육 방식 등에 대해 종합적으로 병력을 청취하고, 면담 과정에서 보이는 아이의 모습 또한 함께 평가합니다. 이러한 과정을 모두 거친 뒤에야 비로소 정확한 진단을 내리게 됩니다.

면담과 검사 결과, 우진이의 변화된 모습의 원인은 ADHD가 아닌 우울감 때문이었습니다. 우울증에 대한 치료를 시작하자 집중력 문제는 자연스럽게 호전되었습니다.

조용한 아이도 ADHD일 수 있다

"우리 아이는 좋아하는 종이접기에는 한두 시간씩 집중하는데 ADHD는 아니지 않나요?"

"게임이나 레고를 조립할 때는 진짜 누구보다도 집중을 잘하는걸요."

"초등학교 저학년까지 한 번도 문제가 있다고 전화를 받아 본 적 없어요. 오히려 있는 듯 없는 듯한 아이인데 왜 ADHD라는 거죠?"

많은 부모님이 하는 이 질문들은 ADHD 진단에 있어서 아주 중요한 포인트를 짚고 있습니다. ADHD는 진단명 그대로 주의력결핍, 과잉행동, 충동성 세 가지 핵심 증상을 지니는 질환이지만 세 가지 증상을 모두 가져야만 ADHD로 진단되는 것은 아닙니다. 주의력결핍만 있을 수도 있고, 과잉행동, 충동성만 있을 수도 있으며, 세 증상이 모두 있기도 합니다. 또한 ADHD 아이들도 자신이 좋아하는 활동을 할 때는 누구보다 흠뻑 빠져듭니다. 그래서 부모님들은 우리 아이가 과연 ADHD가 맞는지 의문을 품게 됩니다.

❶ 주의력결핍 우세형

주의력결핍이란 산만하고 오랜 시간 동안 집중하기 어려운 증상을 말합니다. 핵심은 모든 상황에서 집중이 어려운 것이 아니라 '하기 싫어도 해야 하는 일'에 집중할 수 있는가입니다. 재미없고 반복적인 활동을 시작하기 어려워하고 시작하더라도 자꾸 다른 데 정신이 팔려 중단하는 모습이 대부분이죠. 주의력결핍 우세형 ADHD 아이들을 관찰해 보면 백일몽을 꾸듯 멍하니 있습니다. 부산스럽거나 시끄럽지 않아 학교에서 지적을 받는 경우도 드뭅니다. 그래서 조용한 ADHD라고 불리기도 합니다. 소아청소년 ADHD 중 약 30퍼센트가 주의력결핍 우세형에 해당합니다. 생각보다 많은 비율을 차지하는 것을 볼 수 있죠? "학교에서 연락은 안 오니 큰 문제는 없다."라고 하기엔 아이들이 겪는 어려움이 적지 않습니다. 아이의 학교생활을 자세히 들여다보면 해야 할 일을 잘 까먹고 연필, 지우개, 우산 같은 물건을 잃어버리기 일쑤입니다. 생각에 잠겨 중요한 공지사항을 놓치기도 합니다. 숙제를 할 때 단순한 계산을 자꾸 틀리고 알파벳을 빼먹는 등 잔실수를 자주 합니다. 조그만 외부 자극에도 금방 시선을 빼앗겨 원래 집중하던 과제로 돌아오기 어려운 경우도 많습니다. 학업뿐 아니라 기본적인 일상생활도 어떤 순서로 해 나가야 할지 막막해 시작 자체를 꺼리기도 합니다. 저학년 시기에는 부모님이 챙겨서 학교를 보내는 일이 가능하지만 초등학교 고학년쯤 되면 스스로 씻고, 방 정리를 하고, 시간을 지키는 일에 서툰 모습이 눈에 띕니다. 그러다 보니 부모님은

"아직도 혼자서 할 수 있는 일이 없냐."라고 잔소리를 하게 되고, 결국 부모와 아이 사이가 멀어지고 아이는 점점 더 무기력해지는 경우도 있습니다.

고등학교 1학년 서진이가 병원을 방문한 이유는 아빠와의 갈등 때문이었습니다. 서진이는 초등학교 6학년부터 머리를 잘 감지 않고 주변 정리를 못 한다는 이유로 친구들 사이에서 따돌림을 당했습니다. 서진이 아빠는 매우 엄격하고 목표지향적인 성격이었는데, 자기 관리를 못 하는 서진이를 전혀 이해할 수 없었습니다. 그래서 서진이가 머리를 감았는지 매일 검사한다고 했습니다. 시험 기간이 되면 아빠가 시간표를 만들어 공부를 시키기도 했습니다. 그러나 고등학생이 되어도 변하지 않는 모습에 서진이 아빠는 서진이를 자주 나무라게 되었고, 서진이는 점점 더 풀이 죽었습니다.

서진이는 ADHD 중에서도 주의력결핍 우세형으로 진단을 받았습니다. 치료 여정은 쉽지만은 않았습니다. 오랜 시간 지속된 부모-자녀 갈등, 그리고 서진이의 무력감에 적극적인 개입이 필요했습니다. 더 어릴 때 병원을 찾아 치료를 받았으면 어땠을까 생각이 들기도 했으나, 서진이 부모님은 "어릴 땐 그저 조용하고 자기주장이 없는 아이라 ADHD라고는 전혀 생각하지 못했다."라고 했습니다. 꾸준한 치료를 받은 지 2년이 지난 지금, 서진이는 자신의 의지로 웹툰 학원을 다니고 있습니다. 최근에는 서진이가 그린 웹툰이 꽤 인기를 얻어서 출판사에서 출간 제의를 받았다는 반가운 소식을 들었습니다.

❷ 과잉행동/충동성 우세형

서진이가 뒤늦게 ADHD 진단을 받은 이유는 과잉행동과 충동성 증상을 보이지 않았기 때문입니다. 과잉행동이란 문자 그대로 행동이 과다하게 많은 것입니다. 크고 작은 몸의 움직임뿐 아니라 말이 지나치게 많은 것도 포함됩니다. 충동성이란 앞으로 일어날 수 있는 일을 고려하지 않고 성급하게 반응하는 것입니다. 과잉행동도 가만히 있어야 하는 상황에 반응 억제를 하지 않고 즉각적으로 움직이는 것이기에 과잉행동과 충동성은 보통 함께 나타납니다. 그래서 따로 구분하지 않고 과잉행동/충동성 우세형이라고 하나로 분류합니다. 소아청소년 ADHD 중 약 10퍼센트가 과잉행동/충동성 우세형에 속하지요.

과잉행동/충동성 증상은 아이가 질서를 지켜야 하는 구조화된 환경에 놓일 때 두드러지게 나타납니다. 여기서 '구조화된 환경'은 만 6세가 지난 아이들이 경험하는 환경으로, 수업 시간과 쉬는 시간의 구분, 친구들 사이의 규칙, 원하는 대로 당장 되지 않더라도 어느 정도 참아야 하는 환경을 말합니다.

초등학교에 입학하면 부모님 혹은 선생님이 일일이 지시하고 감정을 달래 주지 않아도 아이들은 스스로 구조화된 환경에 적응해야 합니다. 완벽하지 않더라도 말입니다. 그러다 보니 이 유형의 아이들은 수업 시간에 자리에 앉지 않거나, 조용해야 하는 상황에서도 말을 끊임없이 하는 모습이 눈에 띕니다. 자기 순서를 기다리지 못하고, 상대방의 말이 끝나지 않았는데 끼어들거나 주변에 지나치게 간섭하며, 불편한 상황에서 쉽게 짜증을 내서 또래 관계에서 문제가 되기도 하지요. 과잉행동/충동성을 가진 아이들은 이렇게 튀어 보이기 때문에 주의력결핍 우세형 아이들보다 병원에 빨리 오게 됩니다.

간혹 "우리 아이는 초등학교 1학년엔 착석이 어려웠지만 2학년이 되어서는 자리에 잘 앉아 있어요."라고 말씀하는 부모님도 있습니다. 대부분의 ADHD 아이들도 학년이 올라가면서 자리에 앉아 수업을 들을 수 있게 됩니다. 하지만 과잉행동은 몸을 꼼지락거리고 지우개를 뜯거나 옆 친구에게 계속 말을 거는 등 눈에 크게 띄지 않는 부산스러운 행동들이 여전히 남아 있는 경우가 많습니다. 또한 충동성을 가진 아이는 자라며 결과를 생각하지 못하고 성급하게 행동하기 때문에 친구들과 자주 다투거나 위험한 순간을 예측하지 못해 자주 다치기도 하고 사고가 날 뻔하기도 합니다.

❸ 혼합형

두 가지 유형에 대해 읽으며 '어? 이 유형도 우리 아이고, 이 유형도 우리 아이인데?'라고 생각하셨나요? ADHD 아이 중 약 60퍼센트는 주의력결핍과 과잉행동/충동성 혼합형입니다. 혼합형 아이들은 세 가지 핵심 증상이 모두 뚜렷하게 나타나는 것이 특징이며, 따라서 더 다양한 환경에서 기능 손상을 경험합니다.

✚ 핵심 증상 아래 숨겨진 또 다른 어려움

주의력결핍, 과잉행동, 충동성은 단순히 학업에만 영향을 주는 것이 아닙니다. 이 세 가지 핵심 증상은 다양한 일상 기능과 정서에 영향을 주며, 2차적 어려움으로 이어지기도 합니다. 예를 들어 ADHD 아이들은 갑작스러운 분노, 과민함, 감정 기복, 과도한 좌절감 등의 정서 조절 어려움을 겪을 가능성이 큽니다. 겉으로는 활발한 듯 보이지만 학년이 올라갈수록 사회적 기술이 부족해서 친구 관계에서 갈등을 겪습니다. 가족 안에서도 형제나 부모님과 자주 부딪치고 다툽니다. 규칙을 어겨 선생님께 자주 혼나고 학교생활에 적응하지 못하는 일이 반복됩니다. 이처럼 ADHD 아이들은 증상으로 인해 부정적인 평가를 듣는 게 익숙해지고 '나는 왜 당연한 일도 못할까?', '다들 날 싫어해.'라며 주눅이 든 경우가 참 많습니다. 결국 아이 삶에 지속적인 영향을 미치는 자존감 저하로 이어지

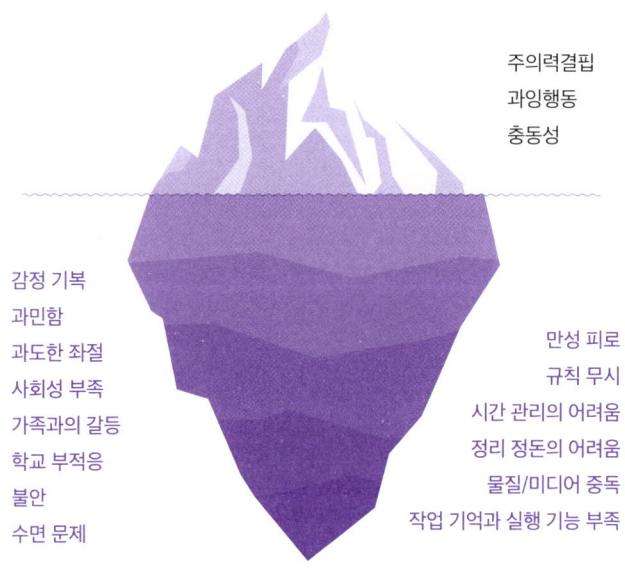

ADHD 증상

기도 합니다. 이외에도 진단 기준에 나와 있진 않지만 많은 ADHD 아이들이 수면 문제, 만성 피로, 불안, 물질/미디어 중독, 시간 관리의 어려움, 정리 정돈의 어려움, 감각 과민, 작업 기억과 실행 기능 부족 문제에 부딪힙니다.

ADHD 아이를 위한
복합적인 치료

약 없이 ADHD 없애는 유일한 방법!
아이의 뇌는 ○○이 충분히 공급돼야 제대로 발달합니다.

SNS에서 심심치 않게 마주하는 광고 문구입니다. 실제로 여러 부모님이 지푸라기라도 잡는 심정으로 이런저런 영양제를 구입하기도 합니다. 부작용에 대한 걱정으로 ADHD 약물치료를 끊고 주의집중력 훈련 센터에 보내기도 합니다. 이렇게 특정 치료를 하면 ADHD가 나을 수 있는 걸까요?

그렇게 된다면 정말 좋겠지만, ADHD는 그리 단순한 질환은 아닙니다. ADHD 치료는 약물치료가 기반이 되는 동시에 증상에 따라 혹은 약물치료의 효과나 부작용 정도에 따라 행동치료를 병행합니다. ADHD 의학 치료 가이드라인도 약물치료와 행동치료를 병행하길 권장합니다. 이 행동치료에는 아동을 도와주는 '아동 기술 훈련'과 부모를 교육하고 도와주는 '부모교육'이 있습니다. 부모교육은 핵심적인 초기 치료 단계로 전 세계적으로 근거가 높은 치료 방법입니다. 대한소아청소년정신의학회는 CATS Comprehensive ADHD Teaching System라는 ADHD 부모교육 및 부모 역할 훈련 프로그램을 개발하여 교육하고 있습니다. 미국 소아 정신건강의학회 AACPA_American Academy of Child and Adolescent Psychiatry 및 영국 국립보건 임상평가연구소NICE, National Institute for Health and Care Excellence 가이드라인에서도 1차 치료로 부모교육을 필수적으로 권고하고 있습니다.

부모교육이 중요한 이유는 부모님이 아이와 가장 밀접한 관계를 맺고 많은 시간을 보내기 때문입니다. 약물치료로 개선된 부분을 일상생활에서 지속 가능하게 도움을 주는 것은 바로 가정과 부모님의 역할인 것입니다. 따라서 부모교육은 질환과 아이에 대한 이해는 물론 효과적으로 지시하기, 문제 행동 대처하기, 아이를 위한 가정환경 조성하기 등 가정에서 지속해 나가야 할 다양한 상황에 대한 교육을 포함합니다. 가족 내 의사소통을 돕는 가족 치료, 환경적 스트레스 요인을 평가하고 조정해 주는 것도 여기에 속합니다.

아동 기술 훈련은 ADHD 아이들의 자기 통제, 문제 해결, 정서 조절, 실행 기능 증진, 대인관계 기술 등을 개선하기 위한 사회 기술훈련이 대표적입니다. 이 외에도 놀이 치료, 인지 행동 치료, 언어 치료, 인지 재활도 당사자의 증상이나 특성과 맞춰 시행할 수 있습니다.

앞으로 이어질 2~4부에서는 부모 역할에 대한 부모교육과 가정에서 실천할 수 있는 아동 기술 훈련을 구체적으로 살펴볼 예정입니다. 약물치료에 관한 자세한 정보(☞294쪽 부록)도 살펴보세요. 무엇보다 기억해야 할 점은 ADHD는 특정 치료만 받으면 금방 낫는 질환이 아니라 포괄적으로 접근해야 하는 질환이라는 점입니다.

ADHD 아이는 어떻게 어른이 될까

"저는 우리 아이가 공부를 못해도 괜찮아요. 어차피 나이 들면서 좋아진다던데 꼭 약을 먹어야 하나요?"
"ADHD라니……. 우리 아이는 평생 이렇게 지내야 하나요? 직업도 제대로 못 갖고 인생의 실패자처럼 말이에요."

아이가 ADHD 진단을 받고 나면 아이의 미래에 대해서 극단적인 생각이 오갑니다. 그 과정에서 약물치료는 가능한 한 피하고 싶은 것도 솔직한 심정입니다. 어느 쪽이든 아이를 사랑하고 걱정하기 때문이지만, 진정으로 아이를 돕기 위해서는 ADHD라는 질환이 시간의 경과에 따라 어떤 변화를 겪는지 이해해야 합니다.
ADHD의 핵심 증상 세 가지는 나이에 따라 각각 다른 경과를 보

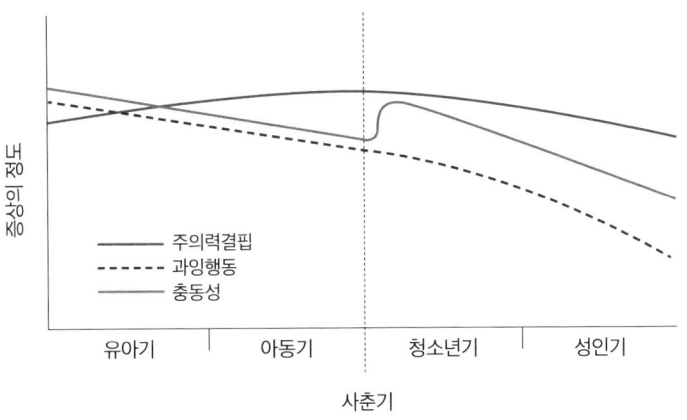

ADHD 증상별 경과[3]

이게 됩니다. 다음 그래프처럼 과잉행동은 나이가 들며 점차 줄어드는 경향을 보이는 대신 안절부절못하는 모습으로 대체되곤 합니다. 충동성 또한 시간이 지남에 따라 대체로 감소하는데, 청소년기에는 호르몬과 뇌 발달의 영향으로 일시적으로 증상이 다시 두드러질 수 있습니다. 그러나 과잉행동, 충동성이 감소한다고 해서 기능적 어려움이 완전히 사라진다는 의미는 아닙니다. 성인이 되어서도 충동 구매, 잦은 교통사고, 직장 내 행동 문제 등으로 증상이 남을 가능성도 있습니다. 청소년기 이후에도 지속될 가능성이 큰 증상은 주의력결핍으로, 무엇인가 계획하거나 완수하기 어려울 수 있습니다. 이 경우에는 스스로 삶을 관리하는 데 있어서 어려움을 느끼고 그런 자기 모습을 마주하며 무력감이 생기기도 합니다.

그렇다면 성인기에도 ADHD 진단이 이어질까요? 전문가들은 대략 청소년기에는 50~80퍼센트 정도가 진단이 지속되고, 성인기에는 35~65퍼센트가 진단이 지속된다고 보고합니다. 이렇게 범위가 넓은 이유는 '진단 기준을 완전히 충족하는가?', '증상의 일부는 좋아졌지만 기능(일상생활)에 지장이 있는가?' 등 기준이 다르기 때문입니다. 증상의 유지와 관련된 요인에는 증상의 심각도, 가족력, 동반 질환 등이 있는데 특히 ADHD 아이는 청소년기와 성인기를 거치며 다른 정신 장애를 동반할 가능성이 큽니다. 우울 장애, 불안 장애, 품행 장애, 틱 장애 등이 대표적인 동반 질환입니다. 부모-자녀의 관계 또한 경과에 영향을 미치게 됩니다.

고등학교 3학년 지수는 한시도 손을 가만히 못 두고 한 번 질문을 던지면 말을 끊기가 어려울 정도로 말이 많은 아이였습니다. 어렸을 때는 과잉행동이 더 심했다고 토로했지만 지수 엄마는 누구보다 지수의 특성을 잘 이해하고 있었고, 지수만의 고유한 강점들을 지지해 주었습니다. 진료실에서 면담이 시작되자 지수 엄마는 지수가 손을 꼼지락거리는 것을 알아채고 스트레스 볼을 꺼내 건넸습니다. 지수 엄마가 딸의 증상을 충분히 이해하고 도운 덕분에 지수는 정서적으로 안정되어 있었습니다. 또래 사이에서 인기도 많다고 했습니다. 치료를 하고 성적도 상승해 원하는 대학교에 진

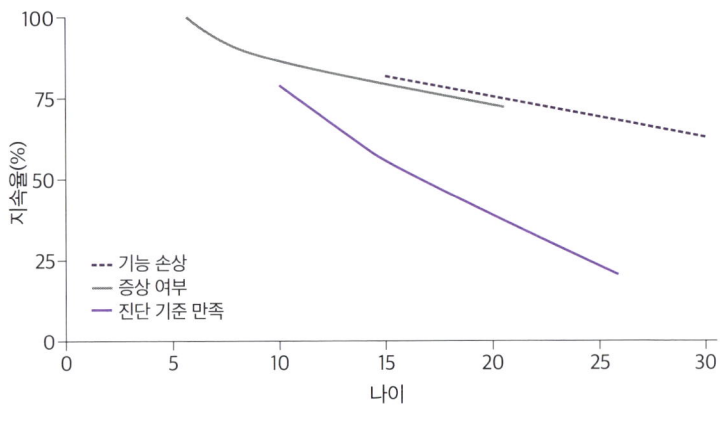

연령 별 ADHD 진단율 경과[4]

학할 수 있었죠. 따뜻한 부모-자녀 관계가 ADHD 발생 자체를 막은 것은 아니지만 지수의 ADHD 경과에 분명 좋은 영향을 미쳤습니다. ADHD 외 다른 동반 질환이 없던 것 또한 지수의 경과에 도움이 되었습니다.

이렇게 ADHD 아이가 자라는 발달 궤도를 함께하며 동반될 가능성이 큰 어려움을 미리 탐색하고 개입하는 과정이 중요합니다. 적절한 개입은 그 순간의 증상 완화뿐 아니라 아이의 인생 전반에 걸쳐 긍정적인 영향을 줍니다.

마지막으로 한 가지 질문을 드리겠습니다. ADHD로 진단받으면 무능한 사람이 되는 걸까요? 알베르트 아인슈타인, 빌 게이츠,

파블로 피카소, 수영 선수 마이클 펠프스와 같은 유명인들이 답이 될 것 같습니다. 이들은 ADHD였다고 추정되거나 스스로 ADHD 진단을 받았다고 밝힌 인물들입니다. 진료실에서 제가 만나는 ADHD 아이들 또한 창의성과 즉각적인 실행력을 통해 자신이 좋아하는 일에 몰두한다는 특성이 있었습니다. 이러한 잠재력이 강점이 되어 자신만의 길을 개척하고 굉장히 멋지게 자라납니다.

이 아이들에게는 공통점이 있습니다. 바로 적절한 시기에 ADHD 치료와 개입을 받았고, 부모와 관계가 안정적이었다는 것입니다. 우리는 아이들에게 구체적으로 어떤 도움을 주어야 할까요? 지금부터 ADHD 아이들의 일상생활을 돕고 나아가 아이들의 강점을 이끌어 주기 위한 부모의 역할과 현실적인 양육법을 하나씩 알려 드리겠습니다.

Part 2

아이의 속도에 맞춰 함께 걷는 법

3
아이의 눈으로
세상을 다시 보기

ADHD 아이들이 가장 많이 느끼는 감정은 '억울함'입니다. 아이들의 행동이나 특성은 의도적이거나 일부러 하는 것이 아니기 때문입니다. 아이는 자신의 행동이 왜 문제가 되는지 잘 알지 못하거나 혹은 의도하지 않았지만 타인을 방해하게 되는 일들이 잦아서 부정적인 피드백을 자주 듣게 됩니다. 그로 인해 스스로도 답답하고 힘들어하는 경우가 많습니다. 하지만 부모 입장에서는 아이가 당연히 할 수 있는 일, 혹은 해야 하는 일인데도 제대로 하지 않는 상황이 반복되는 것처럼 보입니다. 혼내거나 잔소리를 할 수밖에 없다고 느끼기도 합니다. 아이의 행동이 도저히 이해되지 않아, 아이가 고의로 문제를 일으키는 것은 아닌가 의심스러울 때도 있습니다.

아이를 돕기 위해서는 가장 먼저 ADHD 아이의 사고방식과 조절 과정을 이해해야 합니다. 그 첫걸음이 바로 '아이의 눈으로 세상을 바라보기'입니다. "초등학교 1학년이라면 당연히…….", 혹은 "내가 어렸을 때는…….." 하고 다른 아이의 수준, 성인의 기대치에 맞춰 생각하는 것이 아니라 내 아이의 시선과 눈높이에서 이해할 수 있을 때, 비로소 아이에게 적합한 도움을 줄 수 있습니다.

멈추지 않는 에너자이저 준오, 왜 그런 걸까?

준오는 밝고 명랑한 남자아이입니다. 또래 여느 남자아이처럼 항상 에너지가 넘칩니다. 활발하고, 몸을 쓰는 걸 좋아하며, 놀이터에서는 온몸이 땀에 젖을 정도로 뛰어놉니다. 웃음소리가 끊이지 않고, 처음 본 친구에게 말도 잘 걸어서 놀이터에서 항상 새로운 친구를 만들곤 합니다.

'에너지가 높고 활발한 건 좋은 거야. 그래, 그럴 거야…….' 오늘도 준오 엄마는 혼자 중얼거립니다. 하지만 보이는 게 전부는 아닙니다. 준오 엄마는 준오와 손을 잡고 걸어 본 적이 없는 것 같습니다. 준오는 항상 걷기보다는 뛰어다니고, 킥보드로 계단이나 내리막길을 내려가는 걸 좋아해 다친 적이 여러 번입니다. 지나가는 사람들 옆을 아슬아슬하게 스쳐 가서 혼난 적도 많습니다. 놀이터에서는 새로운 친구들과 어려움 없이 어울리지만 조금만 시간이 지나면 꼭 한두 번은 싸웁니다. 친구에게 심한 장난을 치거나, 제멋대로 굴어서 친구가 울기도 합니다. 준오 엄마의 눈은 항상 준오를 따라가느라 바쁩니다. 싸우지 않는 날도 마찬가지입니다. 준오가 흥분해서 소리를 지르거나 과하게 뛰어다니다 보면 어느새 여자아이들은 준오를 멀리하고, 부모님들은 자녀를 데리고 가 버립니다. 결국 놀이터에는 준오만 남는 일이 잦습니다.

집에서도 크게 다르지 않습니다. 흥분이 가라앉지 않은 준오는 소파에서 바닥으로 점프 놀이를 합니다. 층간소음 방지 매트를 깔았지만 여러 번 아랫집에 사는 이웃 주민이 찾아와 항의했습니다. 참다 참다 준오 엄마가 화를 내고 맙니다.

"준오야! 집에서는 뛰지 말라고 했지?"
"으어어어어엉! 나 뛰려고 한 거 아니란 말이야!"

준오는 서럽게 울음을 터뜨립니다. 평소와 다르게 너무 많이 우는 준오에게 가 보니 미열이 있습니다. '어이쿠, 이 녀석 너무 무리했구나.' 준오는 몸이 아파도 아프다는 소리를 한 적이 없습니다. 콧물도 나고 미열이 있는데 친구들이랑 논다고 모든 에너지를 다 끌어다 쓴 것 같습니다. 너무 피곤하다며 저녁도 잘 먹지 못한 준오를 빨리 재워야겠다고 생각한 엄마는 준오를 대충 씻기고 눕힙니다. 하지만 또 시작입니다.

"엄마, 나 레고 한 번만 더 할래!"

좀 전까지만 해도 머리만 대면 금방 잠이 들 것 같은 졸린 눈을 하고 있던 준오가 어느새 똘망한 눈으로 레고 놀이를 하겠다며 침대 밖으로 나갑니다. 엄마는 그만 지치고 맙니다. 이제 말할 힘도 없습니다. 준오는 밤 10시에 혼자 노래를 부르며 레고 놀이를 하고 있습니다. 그러곤 소리칩니다.

"엄마! 나 배고파!"

아침부터 밤까지 24시간 한시도 가만히 있지 않는 준오는 어떤 아이일까요? 제멋대로에 말을 안 듣는 트러블메이커? 과잉행동에 갈등을 일으키는 문제아? 엄마의 말을 듣지 않고 오히려 더 괴롭히는 아이? 행동만 보면 그럴 수 있습니다. 피곤할 때까지 놀고, 즐겁게 놀다가도 싸웁니다. 싸운 이유도 모른 채 씩씩거리고 어느새 기분이 좋아져 있곤 하지요. 너무 즐겁게 놀다가도 피곤해서 짜증을 내고, 피곤하니까 쉬라고 하면 더 놀고 싶다고 떼를 씁니다. 이유를 모르기 때문에 방법이 없고 답답합니다. 그건 준오도 마찬가지입니다. 분명한 건 준오가 일부러 그러는 건 아니라는 것입니다. 정작 제일 힘든 건 준오 자신이니까요.

아이의 자기 조절 능력과 감각 통합 능력

'조절regulation'이란 감정, 행동, 생리 상태, 주의 집중, 충동 등 내부 상태를 외부 환경과 요구에 맞게 조화롭게 유지하거나 변화시키는 능력을 의미합니다.

나와 나를 둘러싼 외부 세상의 조절, 그리고 내 안의 내적 조절 모두를 포함한 상당히 고차원적인 능력이지요. 조절 능력은 주변의 소리나 음성, 눈앞의 시각적 자극, 무엇인가 내 몸에 닿는 촉감, 입안으로 들어오는 음식의 맛 등 다양한 오감을 느끼는 것에서 시작합니다.

예를 들어 엄마 품에 안긴 젖먹이 아기는 따뜻한 감촉(촉각), 엄마의 목소리(청각), 흔들림(전정 감각)을 느낍니다. 모유가 입안을 타고 몸속으로 따뜻하게 퍼지는 내적 감각까지 함께 공감각적인 경험을 자신의 것으로 만듭니다. 그리고 이 경험이 '편안함'과 '따뜻함'이라는 정서적 경험으로 통합됩니다. 이러한 과정을 감각 통합sensory integration이라고 합니다. 감각 통합은 인간이 태어난 후 외부 세계와 상호작용하면서 다양한 감각 자극을 조직화하고 해석하여 의미 있는 반응과 행동을 만들어 내는 과정입니다.

조절 능력은 이렇게 아이의 신경계가 여러 감각 정보를 적절히 통합하고, 신체의 움직임과 정서적 반응에 반영하는 복잡하고도 점진적인 발달 과정을 포함합니다. 하지만 아이가 어릴수록 외부 자극을 스스로 잘 받아들이고 이를 내부적으로 통합하는 조절 능력이 미숙하므로 부모가 도와줘야겠지요. 피곤한 아이가 잠이 들고 싶은데 스스로 잠들기 어려울 때 부모는 아이를 부드럽게 흔들어 주거나, 따뜻하고 편안한 자장가를 불러 주며 아이가 이완하도록 도와줍니다. 또는 아이가 외부의 소리나 소음에 깜짝 놀랐을 때 꼭 안아 주고 손을 잡아 주며 긴장을 풀어 주기도 합니다. 이러한 부모의 돌봄이 점차 아이의 내면에 자리 잡게 되면서 아이는 자신만의 조절 능력을 획득하게 되는 것입니다.

외부 자극에는 과하게 반응하고, 내부 신호는 알아차리지 못하는 아이들

ADHD 아이들은 감각 조절 능력, 즉 외부 자극을 내적으로 통합하고 적절히 조절하는 능력이 다소 부족합니다.

친구들과 즐거운 놀이를 하는 상황은 준오에게 너무 많은 자극으로 다가옵니다. 준오는 자극을 조절하고 통합하는 능력이 부족하기 때문에 쉽게 흥분하고 활동성도 과합니다. 신나게 노는 것처럼 보여도 주의 깊게 관찰해 보면 사실 제대로 놀지 못하는 경우가 많습니다.

준오는 친구들과 '무궁화 꽃이 피었습니다' 놀이를 하고 있습니다. 멀리서 보면 즐겁게 뛰어다니고 웃으면서 함께 놀고 있는 듯합니다. 그런데 조금만 자세히 보면 준오는 뛰고 웃느라 규칙에 어긋난 플레이를 계속하는 중입니다. 멈춰야 할 때도 계속 웃거나 움직여서 걸리고, 장난을 치고 있습니다. 친구들과 다 같이 있는 이 순간이 즐겁긴 하지만 준오는 점점 친구들 사이에서 그림자가 되어 갑니다. 친구들이 놀이에서 준오를 슬며시 배제한 것입니다. 나중에 친구들의 태도를 눈치챈 준오는 "야, 뭐야. 이제 내 차례잖아!" 하고 소리치지만, 이미 놀이는 끝나 버렸습니다. 자초지종을 도무지 알지 못하는 준오는 오늘도 짜증이 나고 억울합니다. 그래서 옆에 있는 아이에게 분풀이하죠. "야! 너 때문이잖아!" 재밌게 놀고 있다고 생각한 준오 엄마는 갑자기 친구들과 싸우는 준오를 보며 당황스럽습니다.

외부의 자극을 적절히 받아들이고 불필요한 자극을 걸러 내 최적의 액션을 취하는, 이른바 자극의 '취사선택'이 어려운 준오가 흥분한 상태로 혼자 장난치다가 놀이는 끝났습니다. 과잉행동과 과흥분 상태에서는 주변의 자극을 제대로 알아차리기 어렵고, 또한 상대방과 상호작용도 기대하기 어렵습니다.

그렇다면 준오의 내적 자극의 조절 상태는 어떨까요? 본인은 하나도 피곤하지 않다고 더 놀겠다고 떼쓰던 준오가 집에 오자마자 쓰러집니다. 눈은 감기고 몸은 축 늘어지지요. 준오의 몸이 "피곤해.", "쉬어야 해.", "목말라!"라고 외치고 있습니다. 그런데 준오는 자신의 몸에서 보내는 신호를 알아차리지 못합니다. 주변의 자극에 과흥분된 상태라 내면에서 보내는 신호를 놓친 것입니다. 그렇게 자신의 몸과 마음이 보내는 신호를 민감하게 알아차리지 못하는 것 또한 ADHD의 특성이며, 자기 조절이 어려운 이유입니다. 우선 '제대로' 알아차려야 notice 그 뒤의 행동 action 을 할 수 있을 테니까요.

탓하지 말고 도와줘야 하는 이유, 뇌의 각성

분명히 해야 할 점이 있습니다. 이건 준오 탓이 아니라는 점입니다. 준오는 자신의 내적 신호를 알아차리거나 스스로 리듬을 조절하고 반응하는 게 쉽지 않은 아이입니다. 많은 연구에서 ADHD 아이들이 영유아기 때부터 수면-각성 리듬 조절sleep-wake cycle에 어려움을 보인다고 보고했습니다. '서카디안 리듬circadian rhythm'이라고도 부르는 일주기 리듬은 하루 24시간 동안 체온, 멜라토닌, 각성도, 수면 욕구, 수면 상태 유지 등을 조절합니다. 발달 과정에서 점차 멜라토닌 분비가 안정되면서 수면의 양과 질이 안정되고, 이에 따라 낮 동안의 각성 수준도 적절하게 조율됩니다. 이러한 수면 각성 리듬의 조절과 상호작용에는 뇌의 신경전달물질 중에서도 도파민과 노르에피네프린이 중요한 역할을 합니다.

ADHD 아이들은 이러한 수면 각성 리듬 조절이 어렵고 느리게 발달하는 경향이 있습니다. ADHD로 진단받은 아이들의 과거력을 조사해 보면, '어려서부터 수면 교육을 해도 수면 습관이 만들어지지 않았다.', '통잠이 늦었다.' 하는 공통점이 있습니다. 잠들기 어렵고 쉽게 깼다는 것이죠. 충분하고 질적인 수면이 보장되지 않으면 낮 동안의 각성도 흔들립니다.

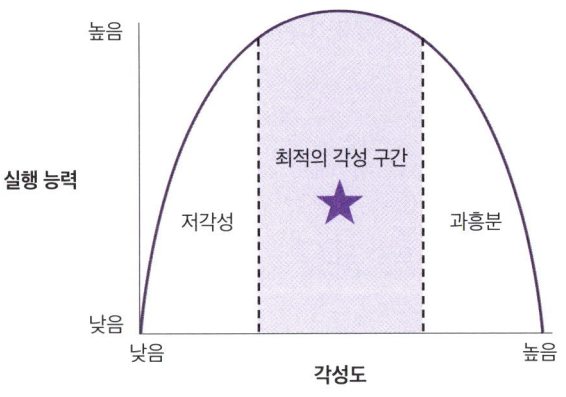

최적의 각성 구간

주변의 불필요한 자극을 걸러 내서 필요한 자극에만 효율적으로 반응하기 위해서는 최적의 각성 상태를 유지해야 합니다. 각성 수준이 너무 낮으면 졸리거나 무기력해 집중이 어렵고, 각성 수준이 너무 높으면 과도한 흥분과 불안으로 할 일을 해내기 어렵습니다. 예를 들어 카페인을 과하게 마시면 심장이 두근거리고 긴장되는 것과 마찬가지입니다.

그런데 ADHD 아이들은 '최적의 각성 구간'에 머무르기가 어렵고, 과흥분 over arousal 상태로 쉽게 치우치거나, 반대로 저각성 under arousal 상태로 집중을 못 하는 경우가 많습니다.

즉 ADHD 아이는 뇌에서 각성 시스템을 조절하는 힘이 아직 덜 자라 있습니다. 특히 계획을 세우고 행동을 조절하는 부분(전전두엽)과 몸의 움직임과 보상 반응을 담당하는 부분(선조체) 사이의 협력이 매끄럽지 않습니다. 이 때문에 수면 상태와 깨어 있는 상태를 조율하는 것이 어렵고, 낮에는 과도하게 흥분했다가 갑자기 지치기도 하고, 밤에는 졸린 듯하다가도 다시 활발해지는 모습을 보입니다. 즉 뇌의 조절 기능이 덜 발달한 상태라 자신의 속도와 에너지, 각성의 정도를 능숙하게 조절하지 못합니다.

    뇌에 가속 페달과 브레이크가 있다고 가정해 봅시다. ADHD 아이의 뇌는 갑자기 가속 페달을 세게 밟아 질주합니다. 쌩쌩 달리다가 브레이크를 밟아 갑자기 멈추고, 다시 질주하는 식입니다. 겉으로 보기에 자극을 추구하고 활동 수준이 높은 과각성 상태를 보이다가 어느새 무기력하고 졸려 하는 저각성 상태를 오가는 모습으로 나타납니다.[5, 6] 이렇게 ADHD 아이가 겪는 어려움의 원인을 파악하고 나면 아이들을 무작정 혼낼 수 없게 됩니다. 아이가 빵빵한 엔진으로 언제든 달려 나갈 준비가 되어 있지만 브레이크가 말을 잘 안 듣는 자동차라면 부모는 아이의 보조 브레이크, 보조 바퀴이자 그 브레이크가 제 기능을 하도록 도와주는 정비사(조율자)가 되어 주어야 합니다.

4

조절이 서툰 아이, 어떻게 도와줄까?

　ADHD 아이들은 '일부러' 안 하는 게 아닙니다. '아직은' 어려운 것입니다. 갓난아기가 놀라서 큰 소리로 울 때, 잠을 못 자서 떼를 쓰며 울 때 "너 왜 그래? 별것도 아닌 소리에 왜 놀라는 거야?" 혹은 "너 스스로가 알아서 자야지!"라고 아기를 혼내지 않습니다. 마찬가지로 ADHD 아이들은 각성의 조절과 감각의 통합이 서툴기 때문에 조절 능력을 키워 나갈 수 있게 부모가 천천히 그리고 꾸준히 도와줘야 합니다.

적극적 경청: 아이의 상태 파악하기

자라나는 아이들은 아직 스스로를 온전히 돌볼 능력이 없습니다. 자신의 내적 신호를 알아차리기조차 쉽지 않습니다. '이제 6살인데 이 정도는 해야지.', '이제 7살인데 스스로 할 수 있지 않을까?'라는 생각이 들지만 안타깝게도 ADHD 아이들은 내적 신호를 감지하고 해석하는 능력이 충분히 발달하지 못한 경우가 많습니다. 그럴 때는 부모가 대신 아이의 상태를 읽어 주어야 합니다. 그래서 아이의 겉모습만 보고 판단해서는 안 됩니다. 말과 행동 이면에 숨은 신호를 파악하고 알아차리려는 노력이 필요합니다. 바로 적극적 경청active listening, 적극적 관찰입니다.

들을 '청'

경청은 주의를 기울여 능동적으로 열심히 듣는다는 뜻으로, 기울 '경'에 들을 '청'을 씁니다. 이 '청(聽)' 자에는 귀 '이(耳)', 임금 '왕(王)', 눈 '목(目)', 마음 '심(心)' 자가 들어 있습니다. 귀와 눈으로 마음을 듣는다는 의미이지요. 상대의 말이 임금의 말인 것처럼 중요하게 여기고 듣는다는 뜻으로 해석할 수 있습니다. 아이가 "집에 가자, 엄마 피곤해!"라고 말할 때까지 기다리는 것이 아니라 아이의 표정, 발걸음, 아이가 땀을 많이 흘렸는지 등을 살피며 아이의 각성 상태, 현재의 피곤함 정도를 파악하는 것이 필요합니다. 더 나아가서는 친구를 때렸다, 크게 소리를 질렀다 등 문제 행동만 보지 않고 아이가 상황을 어떻게 바라보고 있는지, 왜 친구에게 소리를 치고 있는지, 왜 술래잡기에서 계속 술래만 하는지 등 맥락을 전체적으로 파악하려고 노력하는 것을 말합니다. 아이가 눈을 반쯤 감은 채 졸리지 않는다고 이야기할 때, 울면서 계속 놀고 싶다고 말할 때도 단지 입으로 내뱉는 말을 듣는 것이 아니라 아이의 상태를 확인하고 마음과 의도를 읽어 내야 합니다.

아이는 부모가 제일 잘 압니다. 부모가 아이를 세심하게 살피고 그 상태를 알아차릴 때 아이에게 맞는 적절한 개입과 반응을 해 줄 수 있습니다. 그렇게 아이는 외부의 조율자 modulator를 통해 자신의 내적 조절 능력을 키워 나가게 됩니다.

루틴 정하기: 본인의 리듬 발견하기

ADHD 아이들은 어려서부터 자신만의 고유한 리듬을 찾는 게 쉽지 않다면 청소년이 될 때까지, 스스로 리듬을 찾을 때까지 무작정 기다려야 할까요? 아닙니다. 그냥 놔두면 청소년기에도 아침에 일어나기 힘들어하고 새벽까지 잠을 이루지 못합니다. 그러므로 아이에게 맞는 리듬을 찾아내 그 안에서 스스로 맞춰 나갈 수 있게 조율해 줘야 합니다.

우선 충분한 수면 시간을 확보해야 합니다. 세계보건기구(WHO) 가이드라인에 따른 권장 수면 시간은 돌 전까지 만 0세 아동은 12~16시간, 만 1~2세 유아는 11~14시간, 만 3~4세 아동은 10~13시간을 권고하며, 만 5~12세의 아동은 9~12시간, 청소년은 8~10시간 정도를 권합니다. 하지만 한국 아동과 청소년의 평균 수면 시간은 턱없이 부족합니다. 유아동기까지 평균 10~13시간, 초등학생 9시간, 중학생 7시간, 고등학생은 6시간으로 수면 시간이 짧고 수면의 질도 낮습니다.

전체 수면 시간뿐 아니라 기상 및 입면 시간, 그리고 수면의 질 또한 규칙적으로 유지하는 것이 아동의 신체 및 정신 건강에 도움이 됩니다.

수면과 각성 조절은 따로 떨어져 있는 것이 아니라 하나의 리듬처럼 맞물려 있습니다. 아이가 잘 자야 낮 동안 또렷하게 깨어 있을 수 있고, 낮 동안 너무 과도하게 흥분하지 않아야 다시 밤에 편안하게 잠듭니다. 깊게 자면서 에너지를 저장하고 활성화가 된 뇌를 휴식하게 해 주었을 때 다음날 개운하게 일어나 힘차게 생활한다는 뜻입니다.

특히 ADHD 아이의 경우 수면의 양과 질이 떨어지게 되면 주의 집중력이나 각성 조절, 충동성에 끼치는 부정적인 영향에 더욱 취약하므로 꼭 부모가 틀을 잡아 주는 것이 중요하겠습니다.

수면 리듬 조절하기

1. 일관된 수면, 기상 시간 유지하기
매일 같은 시간에 일어나면 전체 리듬 조절에 효과적입니다.

2. 취침 루틴 만들기
취침 최소 1시간 전부터 격렬한 운동이나 미디어 사용을 제한합니다.

3. 침실 환경 조절하기
자극을 줄 수 있는 환경을 최소화합니다.

4. 일과를 비교적 단순하게 정하기
주간 활동을 조절하여 일정한 리듬을 만들 수 있도록 돕고, 아이 스스로 자신의 일과를 예측할 수 있도록 합니다.

아무리 통통 튀는 공일지라도 움직이지 않는 통 안에 넣어 두면 어느새 잠잠해지기 마련입니다. 부모가 아동에게 맞는 일과를 정해서 최대한 지킬 수 있도록 도와주는 것이 중요한 이유입니다.

에너지 마음껏 발산하기: 충분한 신체 놀이

에너지 넘치고 활발한 아이, 얼마나 자연스럽고 기특한 발달 과정인가요? 사실 아이들이 성장하고 발달하는 데 꼭 필요한 시간이 바로 신체 활동, 그중에서도 자유 놀이입니다. 만 4~7세는 흔히 말하는 자기 주도성의 욕구와 공격성, 그리고 에너지가 폭발적으로 늘어나는 시기입니다. 아는 게 많아지고 신체 능력이 커지는 만큼 마음대로 하고 싶은 것이 많습니다. 유치원이나 학교에서 배운 것을 연습해서 잘 해내고 싶어 하고, 그림책이나 미디어에서 본 장면을 무작정 따라 해 보기도 합니다. 몸을 다양하게 써서 신체 감각을 느끼고 모래나 바닥을 구르면서 온몸으로 세상을 느끼고 싶어 합니다.

저희 아이가 만 5세 때 친구들과 함께 모래사장에서 노는 것을 관찰한 적이 있습니다. 아이들은 어떤 놀잇감 하나 없이 맨몸으로 2시간을 내리 놀았지요. 눈빛은 햇살만큼이나 반짝이고, 아이들의 웃음소리는 청량한 음악 소리 같았습니다. 규칙과 무질서, 충동성이 혼재된 시간이었지만, 그러한 모습을 보고 있자니 이게 바로 이 아이들에게 꼭 필요한 진정한 '놀이'가 아닐까 하는 생각이 들었습니다.

그렇습니다. 아이들에게 필요한 것은 자신의 능력치를 시험해 볼 무대입니다. 아이들은 놀이를 통해서 꿈과 환상, 욕망, 공격성 등 모든 것을 표현합니다. 놀이는 아이들에게 마치 꿈과도 비슷합니다. 꿈속에서는 나쁜 짓을 하든 못된 짓을 하든 벌을 받지 않습니다. 마찬가지로 놀이는 현실에서 하지 못하는 다양한 욕망, 억눌러 둔 무의식을 표현해 주는 역할을 합니다. 자유 놀이가 중요한 것은 이런 본능적인 놀이 시간을 통해서 자연스러운 광기의 순간을 즐기게 된다는 데 있습니다. 즉 아이들의 즐거움이 최대치를 이루는 순간인 셈이죠.

실제로 이미 많은 연구에서 충분한 신체 놀이, 자유 놀이를 하는 아이들이 그렇지 못한 아이들보다 자기 조절, 주의력, 과제 수행에서 더 좋은 결과를 보였습니다.[7] 예를 들어 술래잡기나 숨바꼭질처럼 몸을 쓰면서도 규칙에 맞게 노는 놀이, 모래나 흙을 만지며 자유롭게 상상하는 놀이, 블록이나 레고를 마음껏 조립하고 무너뜨리는 놀이, 친구와 역할을 나누어 하는 소꿉놀이 또는 그냥 잔디밭을 구르며 하늘을 보는 놀이 모두 좋습니다. 이런 활동들은 단순히 에너지를 발산하는 데서 그치지 않습니다. 아이가 자기 감각을 조율하고, 친구들과 어울리며 규칙을 배우며, 실패와 성공을 모두 경험하면서 자기 통제력을 키우는 중요한 연습 무대가 됩니다.

그러므로 아이 발달이나 생활에 관한 고민이 생기면 우리 아이가 충분히 잘 놀고 있는지 확인하는 것이 가장 우선입니다. 마음껏 자유롭게 놀지 못한 아이는 충분히 쉬지 못하고, 이러한 악순환이 이어지면 아이의 건강한 성장과 발달을 가로막습니다. 놀이는 아이가 자기 조절과 리듬을 얻을 기회입니다.

특히 ADHD 아이에게 놀이는 자기 안의 에너지를 다루는 중요한 일과입니다. 낮 동안 마음껏 뛰어놀지 못한 아이는 밤에 잠들기 어려워합니다. 피곤함을 잘 느끼지 못한 채 짜증이나 충동적인 행동으로 이어집니다. 진료실에서 만난 ADHD 아이 중에는 종일 학교와 학원 일정으로 바쁘게는 지냈지만 자유롭게 노는 시간이 부족해 밤마다 과하게 들떠 잠을 이루지 못하는 경우가 있습니다. 부모님은 아이가 종일 활동을 했고 피곤해 보이는데도 왜 잠들지 못하는 걸까 의아하겠지만, 사실은 낮에 발산하지 못한 에너지가 밤까지 이어진 것이지요.

오늘부터 확인해 보세요. 우리 아이는 오늘 하루 동안 얼마나 에너지를 발산했나요? 에너지와 욕구를 자유롭게 펼쳐 내고, 땀이 날 정도의 신체 활동을 할 수 있었나요? 이런 시간을 허락하고 환경을 마련해 주는 것이야말로 ADHD 아이가 자신의 리듬을 찾아가는 시작점이 됩니다.

5
충동적인 아이, 어떻게 도와줄까?

초등학교 2학년 예은이는 요즘 속상합니다. 어려서부터 예은이는 말도 잘하고 예뻐서 친구들에게 인기가 많았습니다. 유치원에서는 담임선생님에게 매일 칭찬받을 정도로 영민하고 또래에 비해서 발달도 빠른 아이였습니다. 그런데 이상하게 2학년에 들어와서부터는 매일 그냥 넘어가는 날이 없습니다. 친구들과 자주 싸우고, 선생님에게도 자주 혼납니다.

항상 칭찬만 들었던 예은이는 이런 상황이 무척 자존심이 상하고 받아들이기 어렵습니다. 어느 날부터는 학교에 가기 싫다는 말을 자주 하게 되었습니다. 예은이는 머리가 아프거나 배가 아프다며 학교를 빠지고, 엄마가 무슨 일이 있었냐고 물어도 "모르겠어, 잘 기억이 안 나."라고 대답을 합니다. 똘똘하다고만 여긴 딸의 시무룩한 모습에 놀라 선생님께 물어보니 처음 듣는 이야기가 나옵니다.

"어머니, 예은이가 친구들이랑 좀 갈등이 있어요. 예은이가 양보를 안 하고 자기주장만 해서……. 실은 친구들이 예은이랑 놀기를 피해요."

다른 사람의 말은 듣지 않는 수다쟁이 예은이, 왜 그런 걸까?

어려서부터 언어 발달이 빨랐던 예은이는 무엇이든 친구들보다 빨리 해냈습니다. 애교도 많아 또래들과 잘 어울렸고 욕심도 많고, 뭐든 친구들보다 빠른 편이라 선생님의 칭찬을 자주 받았습니다. 예은이는 친구들을 이끌고 이것저것 알려 주는 것을 좋아했습니다. 언제나 1등인 자신이 자랑스럽고 그런 스스로가 마음에 들었습니다. 주변 어른들도 마찬가지였습니다. 부모님의 지인들, 학원 선생님들은 언제나 조잘조잘 대는 예은이를 보며 "어린애가 어쩜 이렇게 말을 잘하니?"라며 칭찬을 아끼지 않았고, 예은이는 그렇게 예쁨을 받는 게 좋았습니다.

초등학교에 입학해서도 마찬가지였습니다. 입학 초 다른 친구들이 어색해하고 쑥스러워할 때 누구보다 먼저 손을 들어 발표하고 친구에게도 먼저 가서 말을 걸었습니다. 친구들은 말을 잘하고 용기 있는 예은이를 좋아했고, 예은이가 하자는 대로 따르며 놀곤 했습니다. 그런 예은이에게 시련이 닥친 건 1학년 2학기 때였습니다. 예은이는 뭐든 빨랐지만 그림 그리기는 서툴렀습니다. 특히 세밀하게 묘사하고 색을 입히고 덧칠까지 하는 미술 시간이 너무 지루하고 재미없었습니다. 예은이는 그림 그리기는 대충하고 친구들에게 어제 있었던 일을 들려주고 싶었습니다.

"우와, 승아 그림 좀 봐!"

친구들이 승아 옆으로 우르르 몰려갔습니다. "승아가 누구지? 아, 조용한 그 친구?" 승아는 반에서 조용한 친구였으나 그림을 아주 잘 그렸습니다. 승아는 반 친구들 모습을 그렸는데 모두 예쁜 머리핀도 하고 각기 다른 옷을 입고 있었습니다. 예은이가 봐도 잘 그린 그림이었습니다. 친구들은 예은이가 다른 놀이를 하자고 해도 승아 옆에서 그림을 그려 달라고 졸랐습니다. 다들 승아 그림에만 관심이 있고 예은이를 본체만체했습니다. 심심해진 예은이가 친구 한 명을 끌고 와서 놀자고 졸랐지만 친구는 예은이를 쳐다보지도 않았습니다.

그런 일이 자주 반복되었습니다. 예은이는 미술 시간이 지겨워 짝꿍에게 말을 걸다가 자주 선생님에게 혼났습니다. 심통이 난 예은이는 쉬는 시간만 기다렸는데, 쉬는 시간에도 친구들은 승아 옆에만 있었습니다. 예은이는 이해가 되지 않았습니다. '저게 뭐라고?' 2학년이 되어서 예은이는 다시 친구들 사이에서 '인싸'가 되고 싶었습니다. 수업 시간에 큰 목소리로 발표를 하고 아는 것이 있으면 손을 번쩍 들고 빨리 말하려고 노력했습니다. 친구들을 웃겨 주려고 이상한 장난도 치고 농담도 했지요. 그런데 선생님은 순서대로 하라고 혼을 냈고, 친구들은 더 이상 예은이의 장난을 흥미로워하지 않았습니다. 예은이는 점점 학교가 재미없고 수업 시간에도 딴생각만 났습니다. 속상한 마음을 꾹꾹 눌렀다가 집에 오면 화가 났습니다. 엄마와 아빠에게 짜증을 내고 배가 자주 아팠습니다.

그렇게 예은이와 제가 진료실에서 만났습니다. 진료실에서 만난 예은이는 30분 내내 자기 이야기를 했습니다. 쉴 새 없이, 제가 끼어들 틈도 없이, 주말에 무엇을 했는지부터 학교에서 누굴 좋아하고 누굴 싫어하는지, 미술학원이 제일 싫다는 이야기와 아빠는 무슨 색 잠옷을 입는지까지 줄줄이 얘기했습니다. 예은이는 귀여운 수다쟁이였습니다. 다른 사람 말을 듣지 않는 일방통행 수다쟁이. 수다스러움, 말이 많음, 오지랖이 넓음, 낯가림이 없음은 일견 긍정적인 태도로 평가되지만, 이러한 모습이 과할 때 사회적 상호작용에 어려움을 줄 수 있습니다. 상대방과의 대화가 아닌 본인의 말을 끊지 않고 하는 말talkative, 머릿속에 떠오르는 대로 이야기가 흘러가는 자유연상식의 표현free association, 사회적 상황과 사회적 거리를 염두에 두지 않은 접근과 침해poor social referencing, 자신의 원하는 것을 남도 원할 것이라는 자기중심적 사고ego-centric thought process······ 모두 ADHD 아이의 특성에 속합니다.

ADHD는
타고난 기질 탓일까요?

예은이처럼 타고난 기질 자체가 다른 아이들보다 좀 더 충동적이고 활동적인 아이들이 있습니다. 물론 이 특성이 있다고 모두 ADHD로 진단을 받는 것은 아닙니다.

기질temperament이란 타고난 생물학적 특성으로 주변 자극에 대해 자동으로 일어나는 반응, 특히 주로 정서적인 반응 방식을 말합니다. 기질은 유전적으로 타고나는 것으로 대부분 일생 동안 비교적 일관적으로 유지되는 경향이 있습니다.

아이들의 행동 방식은 나이가 어릴수록 타고난 성향, 즉 기질의 영향을 많이 받습니다. 그러므로 부모가 자녀의 기질을 어느 정도 파악하고 있다면, 아이의 행동 방식에 대한 이해나 예상이 쉬워 효과적으로 키울 수 있습니다. ADHD를 진단받은 아이 혹은 ADHD가 걱정되는 아이도 마찬가지입니다. 아이의 타고난 기질과 주변 환경에 대한 반응 양식을 이해해 주세요.

기질을 설명하는 다양한 이론이 있지만 여기서는 클로드 로버트 클로닝거Claude Robert Cloninger가 제안한 성격 이론인 TCITemperament and Character Inventory를 바탕으로 사람의 성격을 기질과 성격character 두 가지 차원으로 나누어 살펴보고, 특히 기질의 네 가지 유형에 초점을 맞춰 설명하고자 합니다.

기질은 유전적 기반과 연관된 뇌의 신경전달물질(도파민, 세로토닌 등)과도 관련이 있으며, 이러한 기질에 따른 차이는 만 2~3세부터 드러나기 시작합니다.

예은이는 어떤 기질을 타고났을까요? 예은이는 어려서부터 낯가림이 적고 사람들과 친해지는 데 큰 어려움이 없었습니다. 새로운 곳에서도 잘 적응하는 편이었고 호기심이 많았습니다. 그래서 밝고 사교적인 성격이라는 평가를 받기도 했습니다. 즉 높은 자극 추구(NS), 낮은 위험 회피(HA)를 예상해 볼 수 있습니다. 낯설고

■ **기질 유형**

유형	높을 경우	낮을 경우
① 자극 추구(Novelty Seeking, NS) 호기심이 많아서 탐색적이고 충동적이면서도 열정적. 단조로운 것을 지루해하고 변화를 일으키려는 성향.	장점: 긍정적이고 밝다. 에너지가 많다. 낯선 것에 대한 두려움이 적다.	장점: 차분하고 안정적이다. 심사숙고한다.
	단점: 위험하고 충동적인 경향이 있다. 쉽게 흥분하거나 자주 변하는 경향이 있다.	단점: 호기심이 부족하거나 하던 것만 고수하는 경향이 있다. 성미가 느린 경향이 있다.
② 위험 회피(Harm Avoidance, HA) 결과적으로 처벌, 위험이 예상될 때 이를 회피하기 위해서 행동이 억제되고 부정적인 결과나 처벌을 싫어해서 미리 경계하는 성향.	장점: 위험이 예상되는 상황에서 조심스럽게 미리 대비한다. 차분하고 신중해 키우기 쉬울 수 있다. 정해진 규칙을 잘 지킨다.	장점: 매사에 편안하고 이완되어 있고 자신감이 있다. 낙관적이다.
	단점: 위험이 현실적이지 않을 때도 불필요한 걱정을 한다. 우유부단하고 소심하여 적응하는 데 시간이 오래 걸릴 수 있다.	단점: 거리낌이 없이 위험을 무릅쓰는 경향이 있다. 위험에 대한 대비가 부족할 수 있다.
③ 보상 의존성(Reward Dependence, RD) 특히 사회적인 보상에 대한 민감성. 타인이 보상해 주고 인정해 주고 칭찬해 주는 것, 타인의 감정에 따라 반응하는 성향.	장점: 사교적이고 애교가 많다. 따뜻하고 헌신적이다. 타인의 감정에 민감해 관계 형성에 유리한 경향이 있다.	장점: 실용적이고 현실적인 경향이 있다. 객관적이며 독립적이다.
	단점: 타인에 의해서 자신의 견해와 감정이 영향을 잘 받아 객관성이 부족하거나 의존적이다.	단점: 다소 둔감하고 무관심하다. 혼자 지내는 경향이 있다.

④ **지속성**(Persistence, P) 어려운 과제나 실패, 좌절 앞에서도 포기하지 않고 얼마나 끈기 있게 계속 노력하는지 나타내며, 목표 달성을 위해 꾸준히 시도하는 성향.	장점: 목표를 향해 꾸준히 노력하며, 인내심이 강하다. 어려움에도 불구하고 쉽게 포기하지 않아 성취 가능성이 높다.	장점: 상황 판단이 빠르고, 불필요한 노력을 줄이며, 효율적으로 행동한다. 필요 시 목표를 유연하게 변경하거나 중단할 수 있다.
	단점: 융통성이 부족해 상황 변화에 맞춘 조정이 어렵거나, 불필요하게 고집을 부릴 수 있다.	단점: 인내심이 부족해 조금만 어려워도 포기하거나, 장기적인 목표 달성이 어려울 수 있다.

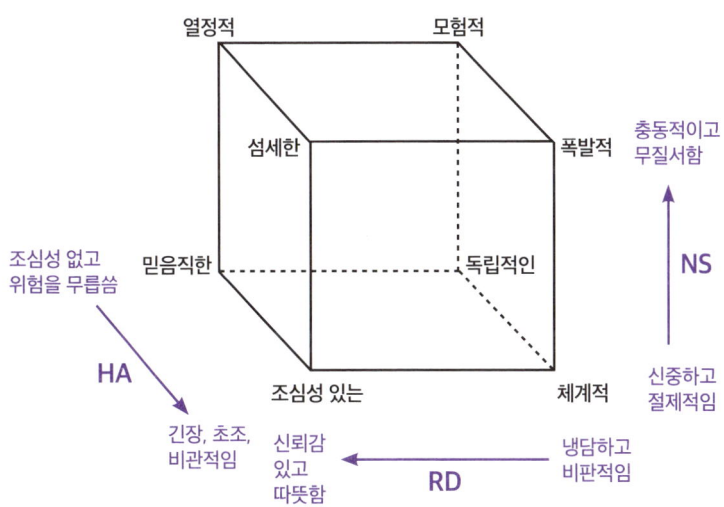

기질 큐브[8]

새로운 사람, 환경을 경계하고 조심하기보다는 일단 부딪쳐 보는 스타일인 것이죠. 발달 정도도 빨랐던 예은이는 새로운 것에 도전했을 때 긍정적인 경험이 많았습니다. 언어 발달도 빠르고 친구들과 잘 어울렸기에 칭찬도 많이 받았으리라 추측할 수 있습니다. 예은이도 타인의 인정과 칭찬을 굉장히 중요하게 받아들였습니다. 이를 보았을 때 보상 의존성(RD)이 높을 가능성이 있습니다.

다만 예은이의 낮은 위험 회피 성향(HA)과 낮은 지속성(P)의 특성은 사람들과 잘 지내다가도 쉽게 틀어지는 결과를 불렀습니다. 친구 관계를 용두사미로 만드는 것이죠. 예은이는 결과를 예측하는 능력이 다소 부족해 주변 상황을 살피거나 상황에 맞춰 자신의 욕구를 조절하지 못하고 의도치 않게 친구들을 불편하게 하거나 자신의 기분대로 행동하는 모습을 보였습니다. 또한 즐거움이나 흥분, 즉각적인 만족감이 없는 경우 불편한 상황을 견디는 인내력(지속성)이 부족해 빠르게 포기하고, 감정적으로 대처하는 경우가 많았습니다. 사회적 민감성은 높지만, 주변을 세밀하게 살피고 조율하지 못해 점점 친구들 사이에서 소외감을 느끼게 되고, 이유도 모른 채 "친구들이 날 싫어해!", "나한테만 뭐라고 해!" 하는 억울한 마음을 쌓아 갔을 가능성이 큽니다.

타고난 기질은 아이가 자라면서 조금씩 달라집니다. 아이가 경험하는 환경과 관계 속에서 점차 다듬어지고 변화하며 겉으로 드러나는 성격으로 발전합니다. 성격은 성장 과정 전반에 걸쳐 발달하고 성숙해지며, 대체로 만 18세 전후로 안정됩니다. 따라서 비슷한 기질을 타고났다고 하더라도 성장하면서 스스로 반응을 조절하고 선택하는 방법을 배우게 되고, 이런 과정이 바로 그 사람만의 성격적 특성으로 자리 잡게 됩니다.

타고나기를 호기심이 많고 열정적인 아이는 모두 ADHD로 진단받게 되는 걸까요? 그렇지는 않습니다. 아이가 가진 높은 에너지, 도전 정신, 창의성 등의 기질적 장점을 살리면서도 결과 예측이나 자기 조율 등의 다소 미숙한 부분을 연습할 수 있도록 부모가 조율자 역할을 해야 합니다. 즉 비슷한 기질을 타고난 아이라 하더라도 성장 과정에서 어떠한 경험을 하고 스스로 얼마나 조절하느냐에 따라 완전히 다른 결과로 이어질 수 있다는 뜻입니다. 철없이 충동적으로 행동하는 어른으로 자랄 수도 있지만, 진취적이면서도 성숙한 성격으로 성장할 수도 있습니다. 이는 아이의 배움과 경험에 달려 있습니다.

부모가 아이의 타고난 기질을 이해하는 것은, 조율사가 바이올린이나 기타의 줄을 섬세하게 맞추는 일과 같습니다. 악기를 조율해 더 맑고 청량한 소리를 내게 하듯이 부모는 아이의 기질적 특성이 성숙하고 건강한 모습으로 표현되도록 도와줄 수 있습니다.

조율하는 부모가
아이의 자기 조절력을 키운다

신기하고 재밌어 보이는 게 눈에 들어오면 아이들의 시야에 그 외의 것들은 보이지 않을 때가 있습니다. 예은이는 집 앞 놀이터에 좋아하는 친구가 있으면 그 친구와 놀고 싶은 마음에 앞뒤 가리지 않고 놀이터로 뛰어갑니다. 마침 그 순간 지나가던 자전거가 갑자기 나타난 예은이를 피하려다 옆으로 넘어집니다.

"안 돼! 그러지 말라고 했지? 위험해."

예은이는 눈에 보이는 것에 먼저 반응하고 지금 하고 싶은 욕구에 몰입하는 아이입니다. 이런 일은 하루에도 여러 번 일어났습니다. 그때마다 혼을 내면 예은이는 달라질까요? 우리의 진짜 목적은 예은이와 같이 충동적인 아이가 부모가 없을 때도 스스로 에너지를 조절할 수 있도록 연습시키는 데 있습니다. 아이의 타고난 기질을 섬세하게 다듬어 나갈 수 있는 환경과 양육 방법을 알아보겠습니다.

자극 추구 높은 아이, 스스로 조절하는 아이로 키우기

1. 어려서부터 간단한 규칙 연습하기
매일 머릿속에서 굳이 떠올리지 않아도 몸에 배도록 연습하면 타고난 충동성을 조절하고 위험한 행동이 줄어듭니다.

실천법
- 횡단보도: 초록불에 길을 건넌다, 길을 건너기 전에 차가 오는지 살핀다.
- 놀이공원: 줄을 서서 차례를 기다린다, 줄에서 벗어나거나 새치기하지 않는다.

2. 과한 자극은 미리 차단
아동의 기질에 따라 미리 환경을 마련하는 것이 중요합니다.

실천법
- 집 안에 너무 많은 놀잇감은 오히려 독이 될 수 있다.
- 스마트 기기 사용은 하루에 30분씩!

3. 가정 내 역할 부여
아이가 부여받은 자신의 역할을 꾸준히 함으로써 지속성(인내력)을 키워 나갈 있습니다.

실천법
- 간단한 집안일을 통해 해야 할 일을 끝까지 하는 지속성을 키운다.
- 즉각적인 보상에만 반응하지 않도록 꾸준하고 지속적인 활동을 통해 장기적 만족감, 즉 책임감을 키운다.

쌍방향 대화하기: 사회적 소통 능력 기르기

　예은이는 처음 만나면 귀엽고 사랑스럽지만 20분이 지나면 약간의 피로감이 느껴집니다. 심지어 예은이의 엄마, 아빠조차 시간이 지날수록 "그만 좀 말해!"라는 말이 목구멍까지 올라온 적이 많다고 했지요. 예은이는 자신의 관심사나 머릿속에 떠오르는 말만 하기 때문에 실제로 대화라기보다는 혼자 신이 나서 말하는 독백에 가깝습니다. 질문을 해 놓고도 상대방의 대답을 듣지 않고 다른 주제로 넘어가곤 합니다.

"빨간 건 사과, 사과는 맛있어, 맛있는 건 바나나, 바나나는 길어……."

　이렇게 머릿속에서 떠오르는 대로 실시간으로 끊임없이 이야기합니다. 생각이 흐르는 대로 아무런 필터링 없이 표현하는 것, 즉 '아무 생각이나 떠오르는 대로 말하는 것'을 자유연상이라고 합니다. 인간은 사회적 동물이기 때문에 사람들과 어울려 지내는 능력, 상대방의 기분과 의중을 살피면서 조율하는 능력을 길러야 합니다. 떠오르는 대로 말하는 것이 아니라 상대방을 고려하면서 말하는 대화의 기술을 키워 나가는 거지요. 그런데 예은이처럼 생각과 언어적 표현이 충동적이고 사회적 참조(상대방의 표정 등 정서적 표현을 참조해 어떻게 행동할지 결정하는 것)가 어려운 아이들은 의도치 않게 타인을 기분 나쁘게 하거나 상황에 맞지 않는 말을 내뱉어 사회적으로 불편한 상황에 놓이는 일이 종종 있습니다.

따라서 ADHD 아이와 단순히 말하는 연습이 아닌 대화하는 연습이 필요합니다. 즉 소통의 방식과 기술을 익혀야 합니다. 언제, 누구에게, 어떻게 말할지 알고, 상황에 맞는 언어를 사용하며, 상대방의 감정을 이해하고, 표정이나 몸짓 같은 비언어적 신호를 읽어내는 능력을 키워야 하는 거죠. 이 능력을 화용 언어pragmatics라고 부릅니다. 화용 언어는 아이가 타인과 관계를 맺고 감정을 나누며 다양한 사회적 상황에 적응하기 위해 꼭 필요한 사회적 소통의 핵심 기술입니다.

화용 언어의 기술 기르기

1. 반응을 주고 받기
아이와 말을 할 때는 꼭 아이의 눈을 보고 말을 잘 듣고 있다는 표현을 해 주는 것이 좋습니다. 자신의 말을 부모가 경청하는 경험을 많이 한 아이일수록 기본 대화 기술이 몸에 배어 있습니다.

실천법
- 비언어적인 표현: 표정 짓기, 고개 끄덕이기, 눈 마주치기 등
- TV나 핸드폰을 보면서 대화하기보다 중요한 말일수록 하던 일을 멈추고 말하기

2. 한 번에 너무 길지 않게 말하기

주의 집중력이 짧고 다양한 생각을 하는 아이에게 너무 길게 이야기를 하면 아이가 내용을 잊어버리거나 딴생각으로 빠질 위험이 있습니다. 그러니 문장의 길이를 되도록 짧게 하고, 중요한 단어나 내용은 반복해서 말해 주세요. 아이 스스로 다시 한번 말하는 연습도 좋습니다.

대화 예시

아빠: "이제 우리는 할머니 댁에 가기 위해 집을 나설 거야. 5분 뒤에 출발이야. 몇 분 뒤라고?"

아이: "5분 뒤요!"

3. 말한 내용을 요약해서 되돌려주기

아이는 부모가 간결하게 정리해 준 말을 들으면서 자연스럽게 생각을 정리하고 통합하는 기회도 갖게 됩니다. 또한 아이는 자신의 말에 집중하고 있다는 것을 알게 되어 정서적으로 안정감을 얻으며, 만약에 부모가 이해한 것이 틀렸다면 자신의 생각을 다시 말할 기회가 됩니다.

대화 예시

아이: "불고기, 불고기! 아, 아니다. 나는 마라탕. 아니 근데 매운데? 아빠는 마라탕 잘 먹어? 난 아이스크림도 좋아. 근데 민트맛은 싫어. 아, 모르겠어."

아빠: "우리 소영이는 좋아하는 게 너무 많아서 잘 못 고르겠구나. 아빠도 마찬가지야."

생각할 기회를 주는 질문하기: 사고와 감정의 폭 넓히기

항상 주목받고 싶은 예은이는 친구들이 다른 친구 옆에만 몰려 있는 모습을 보면 속이 상합니다. 예은이가 집에 와서 "나랑만 안 놀아 줘. 내 말은 못 들은 체해." 하고 울어 버리면 부모는 어떻게 해야 할까요?

"예은아, 친구들에게 같이 놀자고 해 보지 그랬어."
"친구가 걔들뿐이니? 그냥 다른 애랑 놀아. 그럼 너도 집에 있는 그림 가지고 학교에 가 볼래?"

금지옥엽으로 키운 딸이 친구들 사이에서 소외를 당한다고 느끼고 울기까지 하면 속상하지 않을 부모가 없습니다. 하지만 위와 같이 섣부른 해결책은 속상한 마음을 일시적으로 멈출 수는 있어도 아이를 성장시키지는 못합니다. 속상한 원인을 파악해서 도움을 줄 수 있는 부분이나 도움이 꼭 필요한 부분에만 세심하게 개입해야 합니다.

친구들이 승아 옆에만 가 있다. → 나랑 안 논다. → 나를 싫어한다. → 학교에 가기 싫다.

이 단순하고 피상적인 사고 과정에는 전후 맥락이나 연관성, 사회적 관계 속의 미묘한 의미가 빠져 있습니다. 더구나 ADHD 아이들은 성급하게 특정 자극만으로 전체를 판단하는 경향이 있기 때문에 자신만의 오류에 빠지거나 상황을 오해하는 경우가 많습니다.

이럴 때는 아이와 대화를 하며 '상황을 제대로 파악하는 법'을 함께 연습하면 좋습니다. 부모의 적절한 질문을 통해서 아이는 생각해 보지 못한 것에 대해서 짚어 보며 자신의 사고와 감정의 폭을 풍부하게 넓힐 수 있습니다.

평소 자기표현이 많고 똑 부러지는 아이들도 어떤 사건이나 문제가 생겼을 때, 자신의 감정이나 생각을 물어보면 "모르겠어요.", "생각이 안 나요."라고 합니다. 이때는 아이가 쉽게 대답하지 못하더라도 포기하지 않고 차분히 질문을 이어 가는 것이 중요합니다.

"걔들은 왜 그랬는데?"
"네가 모르면 엄마가 못 도와주지."
"네가 또 네 멋대로 하자고 했겠지."
"그 친구들이 그림을 좋아하는 거 아냐?"

이렇게 취조하듯이 답이 정해진 질문을 하면 아이 스스로 질문이라는 감옥에 갇혀 더욱 답답하고 억울하다고 느낍니다. 단순하고 구체적인 질문부터 시작해 주세요. 부모가 던지는 한마디의 현명한 질문이 아이의 사고 과정을 자극합니다. 다양한 관점에서 지각하고 사고하며 스스로 감정을 조절하는 힘을 기르면서 전두엽을 훈련하게 되는 것이죠.

부모가 다양한 시각에서 질문하다 보면 아이들도 자신이 생각해 보지 못한 부분에 대해 곰곰이 고민해 보면서 답을 해 나갑니다. 아이들이 대답을 못 하는 이유는 단지 '몰라서'가 아닙니다. 감정이 활활 타오르고 있어서 아는 것을 다시 수면 위로 인지하는 것이 어려울 뿐입니다. 부모는 아이가 이미 알고 있는 사실들을 의식 위로 끌어올려서 스스로 다시 한번 생각해 보도록 하고, 다시 그 내용을 정리해 상황을 제대로 파악할 수 있게 조력자 역할을 하면 충분합니다.

■ **사고와 감정을 확장해 주는 질문**

부모의 질문	아이의 답	기대 효과
• 친구들이 승아를 좋아하는 이유는 뭘까? • 친구들의 마음은 어떨까?	• 승아가 예쁜 그림을 나눠 줘서. • 그림이 갖고 싶어서. • 그림을 주는 승아가 착해 보여서.	주변 상황에 대한 객관적이고 다면적인 접근
• 예은이가 학교 가기 싫은 이유는 뭐야?	• 친구들이 나를 안 좋아하는 것 같아서. • 학교에 가도 날 좋아하는 친구가 없는 것 같아서.	학교에서 겪는 부정적인 상황과 감정에 대한 탐색
• 예은이가 진짜 원하는 것은 뭘까? • 학교에 가면 어땠으면 좋겠어? 언제 학교에서 제일 행복했어?	• 친구랑 노는 것. • 친구들이 나를 좋아하는 것. • 쉬는 시간에 혼자 있고 싶지 않은 것.	학교, 친구에 대한 욕구 파악
• 사람들은 보통 어떤 친구랑 놀고 싶어 할까? • 예은이는 학교에서 누구랑 놀았을 때 제일 좋았어?	• 착한 친구. • 내 말을 잘 들어주는 친구. • 나눠 주고 양보하는 친구. • 재미있는 친구.	좋은 친구의 개념에 대한 학습
• 예은이는 어떤 친구가 되고 싶을까? • 너는 누구랑 놀고 싶니? • 누구랑 놀 때 재미있니?	• 친구 말을 잘 들어주는 사람. • 함께 좋아하는 활동을 할 수 있는 친구.	앞으로 어떻게 행동할지 고민하면서 동기 부여받기

6
부모의 말을 무시하는 아이, 어떻게 소통할까?

ADHD 아이들 곁에 있는 부모님, 교사분들이 가장 어려움을 겪는 부분이 바로 '지시 수행'입니다. 아이들은 부모나 교사가 여러 번 말해도 듣는 둥 마는 둥 하며 지시가 실제 행동으로 연결되는 것에 어려움을 보입니다. 충분히 할 수 있는 일인데도, 혹은 매일 하는 일과인데도 제때 제대로 하지 않는 아이들을 보며 부모나 교사는 '게으르다.', '굼뜨다.' 혹은 '일부러 말을 듣지 않는다.' 하고 생각할 수 있습니다. 부모나 교사는 한두 번에 지시를 따르지 않는 아이를 지적하며 혼내고, 어떤 상황인지 잘 파악이 되지 않은 아이는 '왜 또 나한테만 그래?', '맨날 뭐라고만 해!' 하고 억울한 마음이 듭니다. 이러한 부정적인 상호작용이 눈덩이처럼 커져 ADHD 아이와 부모, 교사 사이는 최악으로 치닫기도 합니다. ADHD 아이들은 왜 지시 따르기가 어려운 걸까요?

민호는 안 듣는 걸까, 못 듣는 걸까?

축구와 놀이터를 좋아하는 초등학교 1학년 민호는 밝고 천진난만한 아이입니다. 친구들 사이에서는 골목대장으로 누구와도 잘 어울리고, 친구들을 잘 도와 인기도 많습니다. 엄마는 그런 민호가 자랑스럽고 또 사랑스럽습니다. 그런데 이런 민호가 집에서는 달라집니다.

"민호야, 밥 먹어야지. 이제 레고 그만하고 밥 먹으러 와."

3살 동생을 돌보면서 저녁 식사 준비를 하는 엄마는 레고에 빠진 민호를 여러 번 불러 봅니다. 학교 수업 시간에는 스스로 발표도 잘하고 선생님 말도 잘 듣는 적극적인 아이인데, 집에서는 엄마 말을 전혀 듣지 않습니다. 민호는 집에 오자마자 가방과 신발을 벗어 던지고는 곧장 놀이를 시작합니다. 레고를 좋아해서 한 번 시작하면 몇 시간이고 빠져 있습니다. 엄마가 밥 먹으라고 열 번을 넘게 불러도 흘려들어서 결국 엄마가 민호 옆에서 앉아 밥을 떠먹일 때가 많습니다. 그렇게 억지로 저녁을 먹고 나면 민호는 또다시 드러눕습니다.

"민호야, 이제 이 닦고 잘 준비해야지. 아 맞다, 너 학교 숙제도 있잖아. 일기 써야지."
"민호야, 이민호! 엄마 말 안 들려?"
"민호야! 이제 양치해야지. 양치하면 엄마가 유튜브 보여 줄게. 지난번처럼 또 이 썩으면 안 되잖아? 응? 엄마가 닦아 줄게."

아빠가 설거지하는 동안 엄마는 민호를 여러 차례 부릅니다. 큰소리도 내고 달래도 봅니다. 하지만 민호는 마치 엄마의 목소리가 들리지 않는 것처럼 계속 딴짓을 하며 엄마의 말을 무시합니다.

"이민호!"

결국 아빠가 큰소리로 민호를 부릅니다. 민호에게 매달려서 부탁하는 엄마가 답답해 보이고, 엄마를 무시하는 민호가 예의 없어

보여 아빠는 점점 화가 나기 시작했습니다.

"너 엄마 말 안 들려? 이 닦아 주지 마! 이가 썩든 말든 알아서 해!"

ADHD 아이가 지시를 따르기 어려운 이유

먼저 우리가 알아야 할 사실이 있습니다. '세상 어떤 아이도 한 번에 말을 듣지 않는다.'라는 사실입니다. 만약 부모의 말을 한 번에 듣는 아이가 있다면 상위 0.1퍼센트에 속하는 순응적인 아이이거나 혹은 부모가 아주 무서운 권위자 스타일일 가능성이 큽니다. 아이들에게는 여러 번 반복적으로 말하고 알려 줘야 합니다. 아는 것과 행동하는 것은 다릅니다. 어른들도 머리로는 '야식을 먹으면 소화도 안 되고 살이 찐다.'라는 사실을 알지만 손으로는 배달 앱을 켜서 야식을 시켜 먹는 것처럼, 옳은 행동을 안다고 해서 바로 실천하지 못하고 때로 후회하기도 하죠. 성인도 이러한데, 아이들이라고 다를까요? 아이들이 세상의 규칙과 규범을 이해하고 자신만의 일정한 생활 습관 및 행동 양식으로 체득하는 일은 단번에 이루어지지 않습니다. 부모는 천 번, 만 번 반복적으로 가르치고 아이는 수만 번의 시행착오와 경험을 통해서 점점 성숙한 개인으로 성장합니다.

① 부모의 목소리를 듣기(지각하기)
→ ② 부모의 지시를 인지하기(이해하기)
→ ③ 이해한 것을 실천하기(실행하기)

특정 행동이 나오기 위해서는 우선 지각하고 이해하는 과정, 즉 '지각→이해→실행'이라는 세 단계가 필요합니다. 우리는 이 과정 중 아이가 어디서부터 어려움을 겪는지를 파악해야 합니다. 레고 조립에 푹 빠져 있던 민호를 보겠습니다.

민호의 머릿속에는 레고, 친구, 놀이, 블록, 동생, 주변 소리 등 다양한 자극이 혼재되어 있습니다. 때문에 필요한 자극, 즉 엄마의 목소리를 포착하는 선택적 주의 집중력selective attention이 떨어지는 상태입니다. 엄마의 목소리를 들은 후에는 본인이 즐기고 있던 레고에서 엄마의 목소리 자극에 주의를 전환attention-shift해야 하는데 이것이 어렵습니다. 민호가 엄마가 자신을 부르는 소리를 들었다 하더라도 여전히 관심은 레고에 머물러 있을 가능성이 크다는 뜻입니다.

지각하고 이해하는 처리 과정을 거쳤다 하더라도 마지막 행동으로 옮기기 위해서는 하던 일을 멈추는 억제 지속 능력inhibitory persistence과 새로운 일에 착수하는 집행 기능executive function이 필요합니다. 무엇보다 현재의 만족과 욕구를 참을 수 있는 만족 지연 능력이 필요합니다.

ADHD 아이들은 자극 처리 과정이 서툴기 때문에 말을 한 번에 듣기 어렵습니다. 구체적으로는 부모의 말을 알아듣고, 그것을 제대로 이해하고, 인지한 것을 행동으로 옮기는 과정이 더딜 수 있습니다.

앞서 말씀드린 것처럼 ADHD 아이들의 뇌는 전두엽, 그중에서도 전전두엽의 발달이 특히 지연되어 있습니다.[9] 전전두엽은 주의 전환, 선택적 집중력, 억제 지속 능력을 모두 포함한 집행, 실행 기능을 담당하는 뇌 영역입니다. 즉 부모의 지시를 듣고 이해하여 행동으로 옮기기 위해서는 전전두엽 및 전두엽이 성숙해야 한다는 뜻이지요. ADHD 아이들은 전두엽 발달이 또래에 비해 대략 1~2년 정도 지연되기 때문에 부모의 말을 듣고 즉시 행동으로 옮기는 것이 매우 어렵습니다.

지각-인지-실행으로 이어지는 3단계 지시 방법

부모의 말을 어떻게 듣게 할까요? 어떻게 부모도 지치지 않고 효과적으로 지시를 할 수 있을까요? 단계적으로 접근해 보겠습니다.

✦ 첫 번째 단계: 지각하기

일단 아이의 뇌에 부모의 목소리가 입력되어야 합니다. 아이의 머릿속은 온통 다른 생각으로 가득 차 있는데, 거기에 대고 부모가 아무리 소리쳐 봤자 메아리처럼 돌아올 뿐입니다. 아이는 자신을 불렀다는 사실조차 모를 수도 있습니다. ADHD 아이의 뇌는 여러 개의 TV 채널이 동시에 켜져 있는 상태로, 그중 부모의 목소리는 하나의 채널에 불과할 뿐입니다. 그러니 효과적으로 지시를 전달하기 위해서는 우선 아이 주변의 자극을 줄이고 집중할 수 있는 환경을 만들어 주는 것이 중요합니다. 한 교육가의 표현을 빌리자면 ADHD 아이들은 "초인종이 고장 난 문"입니다. 밖에서 초인종을 아무리 눌러도 안에서는 대답이 없는 것이지요. 이럴 때 우리는 직접 문을 열고 들어가야만 합니다. 즉 ADHD 아이들에게 지시를 할 때 직접적이어야 합니다.

✦ 두 번째 단계: 인지하기

소리를 듣는 것을 넘어 부모가 요구하는 것이 무엇인지 제대로 이해하고 파악하기 위해서는 현재 몰입하고 있는 것에서 벗어날 수 있는 주의 전환 능력이 필요합니다. 이때는 아이의 주의 전환 능력에 따라 적절한 촉구prompt(행동을 유도하면서 이끌기)를 할 수 있습니다.

필요하다면 아이가 몰두한 장난감을 잠시 치우거나 직접 아이를 데리고 일어나 주의를 환기해야 합니다. 멀리서 열 번 소리치는 것보다 한 번 아이를 붙잡고 이야기하는 것이 효과적이라는 뜻이지요.

촉구의 단계적 적용

- **제스처 촉구(gestural prompt)**: 아이의 주의를 얻기 위해 손짓이나 눈짓으로 아이가 주목해야 할 대상이나 장소를 가리킵니다.
  > **예시** 손짓으로 자신을 가리키며 "민호야, 여기 봐 봐." 하고 말합니다.

- **모델링(modeling)**: 부모가 원하는 행동을 직접 시범 보이며 아이에게 따라 하게 합니다.
  > **예시** 부모가 아이 앞에서 장난감을 정리하며 "이렇게 큰 장난감부터 정리해 보자."라고 보여 줍니다.

- **지시적 촉구(verbal prompt)**: 명확하게 말로 지시합니다.
  > **예시** "민호야, 5분 뒤에 밥 먹으러 갈 거야."

- **신체적 촉구(physical prompt)**: 아이의 신체 일부를 부드럽게 움직여 행동을 유도합니다.
  > **예시** 아이의 손을 잡고 일으키며 "밥 먹으러 가자."라고 안내합니다.

✤ 세 번째 단계: 실행하기

즐겁게 하던 놀이를 멈추고, 하기 싫지만 해야 하는 일을 실행하기 위해서는 현재의 만족을 지연할 수 있는 능력, 즉 충동성을 억제하는 능력이 필요합니다. 하지만 이는 ADHD 아이들이 가장 어려워하는 부분 중 하나입니다. 현재의 만족을 뒤로하고 하기 싫은 마음을 참고 할 일을 하는 인내력이 필요한 부분이죠. 한 번에 만들어지지 않고 수십 번, 수백 번의 연습과 훈련이 필요한 영역입니다. 이때는 필요하다면 신체적 촉구를 사용할 수 있습니다.

이러한 촉구 단계는 점차 줄여 나가며 궁극적으로는 아이가 스스로 행동을 시작할 수 있도록 돕는 것이 목표입니다. 이는 다음 장에서 더 구체적으로 다루겠습니다.

지각하기-이해하기-실행하기 3단계를 기억하세요.
아이가 지시를 적극적으로 따르고, 하기 싫은 일을 해냈을 때는 어떻게 해 줘야 할까요?
구체적이고 즉각적인 칭찬이 필요합니다.

★ 예시
"와, 평소에 어려워했던 일인데도 끝까지 마무리 했네! 멋지다!"
"오늘은 우리 OO이가 순서를 잘 기다려 줬네. 덕분에 모두가 간식을 먹을 수 있었어."

아이의 뇌를 알면 훈육이 달라진다

민호가 예의 없는 행동을 할 때 민호 아빠는 큰소리를 쳐서 무섭게 혼내는 방식으로 말을 듣게 했습니다.

"소리를 질러야만 말을 들어요."
"꼭 화를 내야 행동을 해요. 다른 건 안 먹혀요."

ADHD 자녀를 키우는 부모님이 공통적으로 하는 말입니다. 정말 그럴까요? 아이를 혼내고 소리치기 전에 먼저 나의 지시 방법이 아이에게 적절한 방법인지 확인해 보아야 합니다. 부모가 화를 내거나 소리를 지르면 아이가 일시적으로 부모의 말을 들을 수는 있습니다. 그러나 아이가 무서워서 행동을 멈추는 '얼어붙기freezing' 반응일 뿐이라 인내력을 키우거나 올바른 생활 습관을 배우지는 못합니다.

우리의 두뇌는 세 단계로 나누어 설명할 수 있습니다. 바로 생명을 담당하는 파충류의 뇌(뇌간), 감정을 담당하는 포유류의 뇌(변연계), 그리고 이성을 담당하는 인간의 뇌(전두엽)입니다. 이렇게 뇌를 세 단계로 나누는 이유는 발달과 진화를 반영한 결과이기 때문입니다. 두뇌에서 가장 오래된 구조인 파충류의 뇌(뇌간)는 심장 박동, 호흡, 체온 유지처럼 생존에 필수적인 기능을 담당하며 본능적이고 자동적인 반응을 관장합니다. 그 위에 발달한 포유류의 뇌(변연계)는 애착, 공포, 기쁨, 분노 같은 감정과 사회적 유대를 담당합니다. 마지막으로 가장 마지막까지 발달하고 성숙하는 인간의 뇌(전두엽)는 계획, 판단, 충동 조절, 문제 해결 같은 고차원적 사고를 가능하게 합니다. 이 구분은 단순한 해부학적 분류가 아니라 인간이 어떻게 외부 자극에 반응하고 학습하는지 이해하는 중요한 단서입니다.

생명을 유지하는 기본 체계인 뇌간이 안정적일 때 우리는 다양한 감각을 처리하고 감정을 느끼며 행동할 수 있습니다. 두 번째 단계

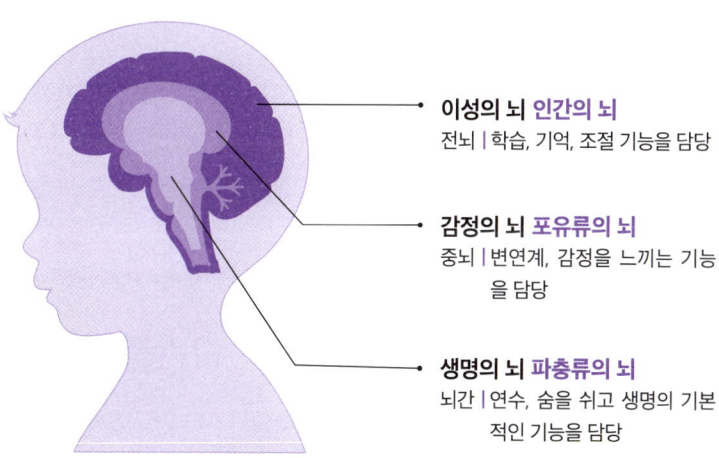

두뇌의 삼중 구조

인 변연계는 공포, 스트레스와 같은 감정을 처리하는 영역으로, 이 변연계가 안정되어야 비로소 마지막 단계인 전두엽이 활성화되어 계획적이고 합리적인 사고가 가능합니다. 아이의 행동과 학습을 이해할 때 감정과 생존 본능이 먼저 안정되어야 비로소 이성적 사고가 작동한다는 점을 알 수 있습니다.

부모가 불같이 화를 내거나 분노를 표출할 때, 혹은 아이가 공포나 불안정한 감정 상태일 때 변연계가 지나치게 활성화되거나 불안정해지면서 전두엽은 제 기능을 하지 못합니다. 아이는 순간적인 공포감 때문에 행동을 멈출 수는 있지만 지시의 내용을 학습하지는 못합니다. 아이는 편안한 상태일 때 옳은 선택과 판단을 하고 배움을 얻을 수 있습니다.

 한 번에 말을 잘 듣는 아이는 없습니다. 시끄러운 콘서트장에서 옆 사람에게 아무리 소리쳐 봐야 의사가 전달되지 않는 것처럼, ADHD 아이의 뇌 안에는 수많은 TV 채널이 켜져 있습니다. 부모의 말을 효과적으로 전달하기 위해서는 먼저 아이의 머릿속을 채운 다른 자극을 조절하고 부모의 목소리에 주파수를 맞출 수 있도록 도와주는 것이 우선입니다.

7

아무리 말해도 약속을 어기는 아이, 어떻게 도와줄까?

ADHD 아이들이 왜 타인의 말을 한 번에 알아듣기 어려운지 알아보았습니다. 그렇다면 어떻게 해야 효과적으로 지시할 수 있을까요? '지각 → 인지 → 실행'의 3단계에서 아이가 쉽게 지각하지 못하는 이유를 짚고 부모의 말과 지시를 제대로 듣게 하는 방법을 확인했으니, 이제 제대로 인지한 내용을 '실행'으로 옮기도록 하는 과제가 남았습니다. 보통 우리는 아이들에게 어떻게 지시를 하고 있을까요? 과연 그러한 지시는 효과가 있나요? 아니면 아무리 잔소리를 해도 메아리처럼 돌아올 뿐인가요?

잔소리 없이는 움직이지 않는 민준이

10살 민준이의 아침은 늘 분주하고 정신없습니다. 알람 소리가 울리면 엄마는 방문 앞에서 반복적으로 외칩니다.

"민준아, 빨리 일어나! 늦겠다! 학교 갈 준비해!"

민준이는 침대에서 몸을 뒤척이며 일어나지 못합니다. 결국 엄마가 직접 방문을 열고 들어와야 겨우 눈을 뜹니다. "너 이러다가 학교 늦겠다."라고 말하고 방을 떠나도 민준이는 욕실로 향하는 대신 거실 소파로 천천히 걸어가 멍하니 앉아 있습니다. 시간이 지나 엄마가 다시 확인하러 오면 민준이는 여전히 그 자리에 가만히 앉아 있는 상태입니다.

이런 일이 매일 반복됩니다. '도대체 언제까지 이럴까?', '벌써 4학년인데 왜 아침에 일어나는 것 하나 제대로 못하지?' 아침마다 전쟁을 치러야 하는 엄마는 속이 타들어 갑니다.

"민준아, 지금 뭐 하는 거야? 또 지각할 거야 너?"

엄마의 목소리는 점점 커지고, 결국 민준은 볼멘소리로 반응합니다.

"아 알았다고! 알았다고 했잖아! 왜 자꾸 화내?"

이런 상황이 반복되다 보니 엄마는 참을성을 잃고 "그럼 매일 똑같은 말 하게 하지 마! 대체 왜 말을 한 번에 못 듣는 거니?" 하고 소리칩니다. 민준이는 억울함과 답답함으로 울먹이며 말대꾸합니다. 결국 서로 상처 주는 말만 남긴 채 민준이는 울며 등교하고, 엄마는 죄책감과 스트레스 속에서 하루를 시작합니다.

방과 후 상황도 크게 다르지 않습니다. "민준아, 책가방 정리하고 얼른 숙제부터 해."라는 엄마의 말에 민준이는 고개를 끄덕이지만, 몇 분 뒤에는 딴짓을 합니다. 엄마는 민준 곁에서 하나부터 열까지 잔소리를 합니다.

이런 실랑이는 매번 서로 감정이 상한 뒤에야 끝납니다. 민준이는 점점 부모님의 지시를 듣기 싫어하고, 심지어 부모가 자신을 싫어하고 못마땅하게 여긴다고 느낍니다. 민준이 부모님의 마음도 크게 다르지 않습니다. 그렇다고 잔소리를 멈추면 민준이는 아무것도 하지 않을 것 같고 그렇다고 계속 혼내자니 지쳐만 갑니다. 이렇게 서로를 괴롭게 하는 잔소리, 멈출 수 있을까요?

ADHD 아이의 기억력과 시간 개념

매일 챙기는 책가방, 매일 하는 숙제, 일기 쓰기, 세수하기, 밥 먹기, 양치하기……. 성인인 부모의 시각에서 이러한 일은 너무나 당연한 일과입니다. 하지만 ADHD 아이에게는 이러한 일과를 순서대로, 체계적으로 하기란 쉽지 않습니다.

"제가 어려운 걸 원하는 게 아니에요, 선생님. 그냥 일어나면 세수하고 밥 먹으러 나오는 게 그렇게 어려운가요? 다른 애들은 학교 다녀와서 자기가 알아서 간식 먹고, 학원 시간 맞춰서 가던데 우리 아이는 생각이라는 걸 안 하는 것 같아요."

진료실에서 아이들에게 자주 하는 질문은 단순합니다. "오늘 무슨 요일이야?", "방학이 언제부터 시작이야?", "학교는 몇 시에 끝나?", "한 반에 친구가 몇 명이야?" 같은 질문을 하다 보면 아이가 자신을 둘러싼 시공간과 상황을 얼마나 잘 파악하고 인지하는지 알 수 있습니다.

전두엽의 중요한 기능 중에는 계획하기, 조직화하기, 체계화하기가 있습니다. 대략 만 5~6세부터 아이들은 정해진 타임테이블에 맞춰 생활하는 연습을 하게 됩니다. 체육 수업은 화요일과 목요일, 방과 후 야외 수업은 수요일, 미술 수업은 금요일, 주말에는 부모님이랑 놀기……. 이렇게 자신의 일과를 머릿속에 어렴풋하게 그리기 시작합니다. 초등학교에 가면 더 구조화된 환경에서 체계화 연습을 본격적으로 하기 시작합니다. 학교에서 내가 속한 반을 알고, 반 안에서 내 자리를 인식하며, 나의 사물함 위치를 기억합니다. 수업 시간 종과 쉬는 시간 종에 맞춰 행동 지침을 배우게 되고, 점심시간에는 줄을 서서 급식실로 가는 방법을 배웁니다. 배가 고파도 점심시간까지 기다릴 수 있고, 늦잠을 자고 싶지만 주말까지 기다리는 법을 연습합니다. 자신의 행동을 계획하고 조절하는 법을 조금씩 배워 나가는 것입니다.

ADHD 아이들은 체계화, 조직화 능력이 또래에 비해 미숙합니다. 따라서 시간 관념이 빈약하며, 예측이나 결과를 예견하거나 "다음에는 이렇게 하지 말아야지. 하고 실수로부터 배우는 것이 어렵습니다. 스스로 자신의 일과를 머릿속에서 정리하는 것이 서투르다 보니 어려서부터 매일 누군가 깨워 줘서 학교에 가고, 밥이 차려져 있으니 먹습니다. 눈을 떠 보니 주말이고, 학원은 엄마가 가라고 한 날에만 갑니다. 이 아이들은 머릿속에 스케줄러가 없습니다. 일상을 조직화하는 능력이 발달하지 못했기 때문입니다. 그간 부모가 대신 해 줬거나 자신의 습관으로 체득하지 못했던 거죠.

예를 들어 초등학교 4학년 아이에게 학교 갈 준비를 하라고 말할 때 부모가 기대하는 것은 ①잠자리에서 일어나서 ②방 밖으로 나온 뒤 ③세수를 하고 ④식탁에 앉아서 ⑤밥을 늦지 않게 먹고 ⑥양치질을 하고 ⑦옷을 입고 ⑧책가방을 챙긴 다음 ⑨늦지 않게 집을 나서는 것입니다. '학교 갈 준비'라는 말 안에 최소 아홉 가지의 할 일이 포함되어 있습니다. 추운 겨울에 초등학교 3학년 딸이 학원을 가는데 달랑 셔츠 하나만 입고 나간 일을 떠올리며 진료실에서 속상해 울던 부모님이 기억납니다.

"우리 아이가 왜 그랬을까요? 꼭 바보가 된 것 같아요."

정말 아이가 바보이기 때문일까요? 아닙니다. ADHD 아이는 일을 순서대로 처리하는 능력이 부족합니다. 특히 복합적이고 모호한 지시를 들었을 때, 각 지시를 하나하나 세부적으로 기억하고 계획하는 능력이 부족합니다. 한 번에 여러 가지 행동을 지시받으면 ADHD 아이의 뇌는 지시를 체계적으로 정리하지 못하고 오히려 멍해집니다.

특히 ADHD 아이에게는 추상적 시간 개념을 담은 지시가 매우 어렵습니다. '빨리', '조금 있다가', '곧' 같은 표현이 혼란을 줄 수 있습니다. 또한 주의가 쉽게 다른 자극으로 이동하고 산만해지기 쉽기 때문에 '내일까지', '오늘 안에'처럼 지시를 행동으로 옮기기까지 간격이 길수록 성공률이 급격히 떨어집니다.

ADHD 아이의 시선에서 아침 풍경을 떠올려 보겠습니다. "민준아, 일어났니?" 엄마의 목소리에 민준이가 눈을 뜹니다. '학교에 가야지.' 하고 마음을 먹은 민준이가 침대에서 몸을 일으켜 방 밖으로 나갑니다. 그런데 문 앞에 어젯밤에 갖고 놀던 레고가 눈에 띕니다. '어? 이거 망가졌잖아?' 욕실로 가던 길을 멈추고 민준이는 레고를 다시 조립합니다. 망가진 부분만 고치려고 했는데 하다 보니 재미있어서 아예 자리 잡고 앉아 버립니다. 그때 엄마의 목소리가 다시 들립니다. "민준아! 학교 갈 준비하라니까." 민준이는 잔소리를 듣고 방 밖을 나옵니다. 이미 동생이 식탁 위에서 밥을 먹고 있습니다. "오빠는 맨날 늦잠이야!" 소시지 반찬이 다 없어질까 봐 예민해진 민준이는 동생이 자기를 놀리는 것 같아서 화가 납니다. 동생 옆으로 가서 머리를 한 대 쥐어박고는 씻지 않은 손으로 소시지를 하나 집어 듭니다. "민준아 뭐하니!" 다시 엄마의 목소리에 자리에서 일어나 욕실로 갑니다. 세수하려고 거울을 보니 머리카락이 삐죽삐죽 솟아 있습니다. 머리카락이 마음에 안 들어서 빗을 가지러 방에 다시 들어갑니다. "민준아!" 그때 엄마의 화난 목소리가 또 들립니다. 이렇게 방에서 욕실까지 가는 길에는 민준이를 유혹하고 방해하는 요소들이 너무 많습니다.

민준이처럼 반복적으로 지시 수행에 실패할 경우 부모의 속은 시커멓게 타들어 가죠. 도저히 다정하고 따뜻한 말이 나오지 않습니다. 하지만 잔소리에 지친 건 아이도 마찬가지입니다. 매일 지적과 비난을 받고, 실패할 때마다 스스로도 자책을 반복하며 부정적인 감정은 쌓이게 되고, 무력감을 느끼게 됩니다.

구체적이고 단순한 말이 중요합니다

악순환을 막기 위해 우리에게 필요한 것은 '명확하고 단순한 지시'입니다. 여기서 핵심은, 부모가 원하는 모습이 아니라 아이가 할 수 있는 구체적인 행동을 지시해야 한다는 것입니다. 아이가 해낼 수 있는 지시를 통해서 아이의 뇌가 잘 작동하도록 도와 행동할 수 있는 길을 열어 줄 수 있습니다.

❶ 간결하고 명확한 단일 지시

한 번에 한 가지 행동만 요구합니다. 예를 들어 "민준아, 양치하자."라고 구체적이고 간단하게 말하고, 아이가 수행하면 즉시 칭찬합니다. 아이가 하기 어렵거나 너무 많은 단계가 포함된 지시를 받으면 아이는 동기가 줄어들 수 있습니다. "아, 너무 어려워. 못할 것

상황 ① 늦잠을 잔 아이

	모호한 지시	효과적인 지시	팁
부모의 지시	"학교 갈 준비해." "또 지각하겠다." "잘 준비해."	"침대에서 나와서 일어나." "지각하지 않으려면 10분 뒤에 출발해야 해."	• 타임테이블을 정리해서 붙여 놓기. 단, 한눈에 보이게. • 필요시에는 신체적 촉구가 필요할 수 있음. ☑ 7:30 기상 ☑ 8:00 아침 식사 ☑ 8:30 등교
아이의 반응	"뭐부터 해야 하지?" "일어나자마자 또 혼내네."	"일단 침대에서 나가야겠다." "10분 안에 준비해야 하는구나."	

상황 ② 방 정리가 어려운 아이

	모호한 지시	효과적인 지시	팁
부모의 지시	"방 정리 좀 해라." "방이 돼지우리 같다." "오늘 안에 네 방을 치워."	"오늘은 쓰레기부터 치우자." "빨랫감은 이 통에 넣어." "12시 전에 방 청소를 해."	• 깨끗해진 방과 책상을 사진 찍어서 아이가 잘 보이는 곳에 붙여 두기. • 아이와 함께 방 정리의 개념을 정리하기.
아이의 반응	"어디부터 정리하는 거지?" "엄마는 맨날 혼만 내." "왜 갑자기 혼내는 거야?" "언제 하라는 거지?"	"쓰레기를 꺼내 놓으란 거구나." "빨래 넣는 것쯤은 쉽지!" "12시면 20분밖에 안 남았네!"	

상황 ③ 숙제를 미루는 아이

	모호한 지시	효과적인 지시	팁
부모의 지시	"빨리 숙제해라." "오늘 안에 숙제해라." "숙제는 언제 할 거니?"	"오늘 숙제를 꺼내서 몇 페이지인지 확인해 보자." "수학 2페이지를 20분 안에 풀어 보자." "TV 보기 전에 지금 숙제를 해."	• 타이머 활용하기. • 숙제나 공부를 하기 전에 전체 분량을 확인하기.
아이의 반응	"무슨 숙제를 하라는 거지?" "최대한 늦게 해야지." "맨날 숙제, 숙제. 으, 지겨워."	"아, 오늘은 수학 숙제가 있지!" "2페이지면 간단하지!" "지금 숙제를 해야 하는구나."	

같아. 그냥 안 할래."하고 포기하는 것이죠.

❷ Don't 보다는 'Do'

하지 말아야 할 것을 지시하는 것이 아니라, 해야 할 것을 지시합니다. 이때 정확히 무엇을 언제, 어디서 해야 하는지 지침을 주세요. 부정어는 서로의 감정을 상하게 하기 쉽습니다. 아이가 수행하여 칭찬할 수 있는 행동을 지시해 주세요. 예를 들어 "뛰어 다니지 마."라는 말 대신 "식사 시간에는 앉아 있자."라고 말할 수 있지요. "늦잠 자지 마라."라는 모호한 말 대신 "내일 8시에 일어나 보자."라고 말하는 것이 좋습니다.

❸ First-Then(먼저-그다음) 구조 사용

"먼저 양치를 하면 그다음에 게임을 10분 할 수 있어."라고 말합니다. 아이에게 명확한 행동 지침과 동기를 함께 제공해 지시 수행률을 높입니다.

❹ 시각화하기

일과표를 만들어 붙여 놓으면 아이가 행동을 시작하는 데 중요한 부스터가 됩니다. 유치원과 초등학교 저학년 교실을 보면 항상 일과표가 붙어 있죠. 함께 정한 계획을 아이가 눈으로 보고 다시 한

번 뇌에 각인할 수 있습니다.(☞13장 속도가 다른 아이를 위한 맞춤형 환경 만들기)

   표현만 바꿔도 아이가 쉽게 이해할 수 있고, 행동하기도 쉽습니다. 조그맣고 사소한 일일지라도 매일 성공 경험이 쌓이면, 아이는 '나도 할 수 있다.', '나도 부지런하다.'라는 긍정적인 자기 이미지를 만들어 갑니다. 부모 역시 잔소리와 감정 소모가 줄어들어 관계에 한결 안정감과 여유가 생깁니다. 이렇게 아이와 부모 모두가 성공 경험을 쌓는 선순환을 통해 아이와 자연스럽고 친밀한 관계가 됩니다. 간결하고 명확한 지시를 통해 아이의 내적 동기를 이끌어 낼 수 있는 것이죠. 이것이 바로 전두엽 훈련입니다.

8
고집스러운 아이, 어떻게 지시할까?

　아이를 키우며 가장 어려운 일 중 하나가 '훈육'입니다. 아이를 사랑하고 예뻐해 주는 것은 마음에서 우러나오고, 또 서로가 기분이 좋아지는 일이기 때문에 훨씬 더 쉽고 자연스럽고 결과도 만족스럽지요. 하지만 훈육은 아이가 사회적으로 바람직한 행동과 가치, 그리고 규범을 배우며 스스로 조절할 수 있도록 지도하는 교육적 과정입니다. 아이가 모르는 것을 알려 줘야 하고, 바람직한 행동을 지시하며, 부적절한 행동이 있다면 교정을 해 줘야 합니다. 그 과정에서 부모와 자녀의 불협화음이나, 아이가 속상해하고 좌절하는 순간이 필연적으로 생깁니다. 쉽지 않지만 꼭 필요한 훈육을 큰

탈 없이, 효과적으로 진행하기 위해서 작지만 확실한 기술적 연습이 필요합니다.

말싸움에서 엄마를 꼭 이기려는 서연이

초등학교 4학년 서연이는 성격이 털털하고 책을 좋아하며 조용하지만 고집이 있는 성격입니다. 서연이는 책 읽기를 좋아하고 성적도 뛰어나서 선생님들에게 칭찬을 자주 듣습니다. 서연 엄마는 다정하고 이해심이 깊은 성격으로, 아이의 의견을 존중하고 친절하게 설명해 주는 것을 중요하게 생각합니다. 하지만 이런 세심한 성격이 때로는 아이와의 소통을 어렵게 만듭니다.

"서연아, 숙제부터 먼저 하는 게 어때?"

저녁 식사 후 책을 읽고 있는 서연에게 엄마가 말합니다.

"엄마, 숙제는 꼭 지금 해야 해? 나는 좀 쉬고 나서 하고 싶은데."
"숙제를 먼저 하면 마음이 편하지 않을까? 나중에 피곤하면 더 힘들잖아."

"아니. 나중에 안 힘들 거야. 지금 쉬어야 나중에 더 잘할 수 있어."

서연의 말에 반박할 거리가 없는 엄마는 뒤로 잠시 물러나고, 서연이가 책을 원하는 만큼 읽을 때까지 노심초사 기다립니다.

"아, 너무 피곤해. 엄마, 나 이제 잘래."

책을 다 읽은 서연이는 피곤하다며 잠을 자려고 합니다.

"서연아. 그래도 숙제는 하고 자는 게 좋지 않겠어? 못 해 가면 내일 혼날 수도 있을 것 같은데. 엄마 말을 좀 따라 줬으면 좋겠어."

엄마의 말에 서연이는 "왜 엄마 말이 항상 맞아? 내가 내 일정을 정하면 안 돼?"라고 맞섭니다. 결국 엄마는 논리적인 대답을 찾지 못하고, 감정적으로 상처를 받고 물러섭니다. 비슷한 상황이 매일 반복되면서 엄마는 점점 아이와의 소통에 자신감을 잃고, 서연이는 더욱 자기 주장을 강하게 내세웁니다. 다음날, 서연이는 친구 생일파티에 갈 준비를 합니다. 대충 묶은 머리에 운동복을 입고 집을 나서는 서연이를 엄마가 불러 세웁니다.

"서연아, 친구 생일파티인데 옷을 좀 예쁘게 입고 가는 게 어떨까?"
"난 이 옷이 좋은데?"
"생일파티에는 예쁘고 깔끔한 게 좋잖아. 다른 애들은 다 예쁘게 입고 올 텐데?"
"그럼 엄마는 내 옷이 못났다는 거야? 내 친구들도 이 옷 좋아해. 그냥 내가 좋아하는 거 입으면 되잖아? 왜 엄마 마음대로 옷까지 정해?"

화가 난 서연이는 문을 쾅 닫고 나가 버리고, 결국 엄마는 또 마음을 졸입니다.

느슨한 권유 대신
꼭 필요한 경계 세우기

문제를 해결하기 위해서는 우선 원인을 분석해야 합니다. 아이가 부모의 말을 듣지 않는 데에는 어떤 이유가 있을까요? 단지 아이가 ADHD이기 때문에 부모의 말을 안 듣는 걸까요? 아이가 단지 부모에게 반항하기 위해서, 혹은 귀찮아서 말을 안 듣는 걸까요?

"어휴, 쟤는 왜 저렇게 말을 안 들어?"

"저렇게 게을러서 어떻게 하지?"

"좋게 말하려고 해도 말을 안 듣고, 하나하나 따박따박 말대답만 하니 너무 지치고 어떻게 대화를 해야 할지 모르겠어요."

자녀와의 대화, 갈등에 지친 부모님의 속마음입니다. 결과적으로 부모가 얻은 것도, 아이가 얻은 것도 없이 감정만 소모해 버렸습니다. 속상한 부모님들의 마음도 공감이 되지만, 우리가 먼저 확인해야 할 것은, 아이가 부모와 대화할 때 속마음이 어땠을지 감정의 흐름을 따라가 보는 것입니다. 아이를 이해하려는 노력을 시작해 보겠습니다. 먼저 종이를 한 장 꺼내어 서연이 입장에서 일기를 써 보겠습니다.

6월 7일 수요일
엄마가 내 옷을 지적했다.
내가 제일 좋아하는 빨간색 운동복인데, 내 맘은 알지도 못하면서 나보고 뭐라고 했다.
엄마는 뭐든 엄마 마음대로 하고 싶어 한다.
내가 좋아하는 거 말고 엄마가 원하는 대로 해야 한다고 생각하는 것 같다.
왜 내 마음을 몰라줄까? 내 옷이 그렇게 이상한가?

> 숙제도 마찬가지다. 숙제를 언제 하든 그건 내 마음인데, 엄마는 나한테 언제 하면 좋을지 물어본다. 사실은 엄마가 원하는 건 따로 있다. 집에 오자 마자 당장! 엄마가 원하는 시간에! 뭐든지 엄마에게 맞춰야 하는 걸까?

서연이는 이래라저래라하는 엄마의 말이 부당하다고 느꼈습니다. 결국은 모든 것이 엄마 마음대로라며 엄마의 말이 '답정너(답은 정해져 있고 너는 말하면 돼!)'라고 생각하는데요. 왜 이런 상황이 생겼을까요? 엄마와 서연이의 대화를 다시 한번 보겠습니다.

"숙제부터 먼저 하는 게 어때? 피곤하지 않겠어?"

엄마의 말은 지시가 아닌 권유였습니다. 지시는 부모가 마땅히 아이에게 시킬 수 있는 영역, 아이의 일상생활이나 발달, 학업 및 안전을 위해 통제와 제한을 둬야 하는 영역에 쓰입니다. 이는 부모가 일관성을 갖고 규칙을 세우고 지키게 만드는 것을 말합니다. 서연이 엄마는 '책 읽기 전에 숙제를 해야 한다.'라는 규칙을 세웠습니다. 그런데 서연이에게는 마치 권유하는 것처럼 말했습니다. "숙제하는 게 어때?", "숙제해 볼래?"라고요. 이렇게 말하는 것은 상대방의 의향을 물어보는 것입니다. 이러한 권유에 아이는 "아니요."

라고 거절할 수도 있습니다. "저녁으로 뭐 먹고 싶니?"라고 물어보기에 피자를 먹고 싶다고 대답했는데 "피자는 안 돼! 그냥 집에 있는 밥 먹자."라고 한다면, 아이는 '그럴 거면 왜 물어봐?'라고 생각하지 않을까요?

> **지시와 권유의 차이**
> **지시**: 상대방이 특정 행동을 반드시 수행하도록 명확하고 구체적으로 요구하는 말. 선택의 여지가 거의 없으며, 권위와 책임이 수반됩니다.
> **권유**: 상대방이 어떤 행동을 하도록 제안하거나 부탁하는 말. 선택권을 인정하며, 수용 여부를 상대방이 결정할 수 있습니다.

 서연이 엄마처럼 자녀를 존중하려는 마음이 클수록 오히려 자녀에게 꼭 필요한 지시를 하지 못하는 경우가 종종 있습니다. 하지만 아이들이 스스로 동기를 부여하거나, 인내심을 키우거나, 만족을 지연하는 능력을 키워 나가기 위해서는 부모가 어느 정도 틀을 정하고 이끌어 주어야 합니다. '숙제는 귀찮아도 꼭 해야 한다.', '학교에 지각하면 안 된다.' 등의 기본 규칙은 일관되게 지시를 해야 한다는 뜻입니다.
 특히 ADHD 아이들은 만족을 지연하는 능력이 낮고, 주의 집중 시간이 짧으며, 동시에 내적 동기를 유지하지 못하는 경우가 많습니다. 또 자신이 좋아하는 일을 할 때는 굉장히 몰입하고 열정적이며 때로 매우 창의적이고 에너지가 넘치지만 반대로 지속적인 노력이 필요하거나 목표 지향적인 활동에서는 쉽게 지치고 포기하는 경향이 나타납니다. 이러한 특성 때문에 더더욱 ADHD 아동에게는 적절하고 일관된 지시가 중요합니다.

자, 이제 다시 서연이의 상황으로 돌아가 봅시다. 두 번째 상황, '친구의 생일파티에 자신이 좋아하는 트레이닝복을 입고 가는 것'은 부모가 아이에게 지시할 수 있는 영역일까요?

아이의 옷 취향에 대해서 부모는 자신의 의견을 표현하거나 다른 옷을 권유할 수는 있지만, 강요할 수 있는 부분은 아닙니다. 취향은 아이에게 특정 행동을 지시하여 끝까지 책임지게 하는 영역과는 구분되는 것이지요. 따라서 어디까지 지시하고 어떤 부분은 허용해야 할지 부모 스스로 확인하는 것이 필요합니다.

부모는 꼭 필요할 때만 지시해야 합니다. 그리고 끝까지 아이가 따르게 할 수 있는 일관성과 단호함을 보여야 합니다. 부모가 신중하게 선택해 내린 지시에 아이가 따르고, 이렇게 부모와 자녀 간의 지시-순응의 고리가 반복될 때 비로소 부모 말과 지시에 권위가 실립니다.

그러므로 지시할 때는 첫 마디부터 신중해야 합니다. '이것이 아이에게 강요해야 할 부분인가? 아이가 꼭 따르도록 연습시켜야 하는 부분인가?' 스스로 먼저 점검해야 합니다. 과도하거나 불필요한 요구를 남발하고 있는 것은 아닌지도 살펴봐야 합니다.

 모든 지시가 아이의 자율성을 해치거나, 부모 자녀 관계를 나쁘게 만드는 것은 아닙니다. 오히려 부모의 안전하고 단단한 틀 안에서 아이들은 자기 조절 능력을 키워 나갑니다. 너무 아이의 눈치를 보지 마세요!

누구도 지지 않는 대화법

지시는 부모가 아이에게 원하는 행동을 명확하고 구체적으로 전달해 아이가 현재 상황에서 할 수 있는 적절한 행동을 선택하도록 돕는 과정입니다. 효과적인 지시를 하면 ADHD 아이는 그만큼 수월하게 할 일을 완수하는 경험을 할 수 있고 이러한 적절한 지시와 순응의 성공적인 경험이 반복되면서 자기 조절 능력을 키웁니다. 동시에 부모와 자녀 간의 신뢰와 협력을 만드는 중요한 상호작용이 이루어집니다. 그렇기에 부모가 상황의 전반적인 틀과 한계를 명확히 설정하고 유지하는 것이 중요합니다.

❶ 우선순위와 큰 틀 정하기

아이와의 소통에서 분명하고 일관된 규칙과 우선순위를 미리 정해 두는 것이 중요합니다. 그러면 아이가 지킬 규칙을 함께 설정하고, 이를 자주 강조하여 아이가 이해하고 따를 수 있도록 합니다.

- **좋은 예시**: "숙제는 저녁 식사 후 바로 하는 것이 우리 가족의 규칙이야."
- **안 좋은 예시**: "숙제는 지금 하면 좋지 않을까?"

❷ 필요할 때는 간결하게 설명하기

지시를 하거나 요청을 전달할 때는 간결하고 명확하게 해야 합니다. 설명이 길어지면 오히려 아이에게 변명의 여지를 줄 수 있습니다.

- **좋은 예시**: "너의 물건을 잘 찾을 수 있도록 지금 방을 정리하도록 해."
- **안 좋은 예시**: "방을 정리하지 않으면 세균이나 벌레가 생기고 또 나중에 네가 물건을 못 찾을 수도 있어. 지금 방을 정리하기에 딱 좋은데, 지금 아니면 또 언제 하겠니? 나중에는 더 피곤하지 않을까?"

❸ 불필요한 요구하지 않기

아이의 취향이나 취미, 친하게 지내는 친구 등 아이 스스로가 선택하고 경험할 수 있는 영역의 자율성을 존중해 주어야 합니다. 자녀는 부모의 소유물이 아니며 독립된 개체로 성장해 나가는 과정을 스스로 겪고 있기 때문입니다. 너무 많은 부분을 간섭하고 관리 감독하면 우선순위가 무너지고 오히려 반항심, 거부감이 생길 위험이 있습니다.

- **좋은 예시**: "아빠가 보기엔 오늘 야외에서 만나니까 치마보다는 편한 바지가 나을 것 같은데, 네 생각은 어때?"
- **안 좋은 예시**: "그런 옷은 친구들이 싫어할 것 같은데? 너는 옷을 골라도 왜 그런 걸 고르니?"

❹ 일관된 태도로 말의 권위를 유지하기

부모가 자녀에게 꼭 필요한 지시를 했다면, 일관되게 밀고 나가는 것이 중요합니다. 아이가 안쓰러워서 혹은 실랑이하기 싫어서 지시를 번복하거나 규칙을 지키지 않는다면, 부모 말의 힘과 권위는 약해질 수밖에 없습니다. 꼭 필요한 지시와 규칙이라면 일관되게 밀고 가는 게 오히려 아이에게 안전한 울타리가 되어 줍니다.

- **좋은 예시**: "이건 우리 가족이 다 함께 정한 규칙이니까 따라야 해."
- **안 좋은 예시**: "너도 의견이 있는 건 알아. 그래도 이번에는 엄마 의견을 따라 줄래? 왜냐하면 엄마가 어른이잖아. 그런데 계속 네가 그렇게 생각하면 어쩔 수 없지. 아이고, 나도 모르겠다. 네 마음대로 해."

❺ 즉각적이고 구체적인 피드백 제공

아이의 긍정적인 행동을 민감하게 포착해 칭찬과 격려를 해 주는 것이 중요합니다. 아이의 긍정적 행동이 강화됩니다.

- **좋은 예시**: "놀고 싶은 마음을 꾹 참고 숙제부터 먼저 했네? 해야 할 일을 책임감 있게 하는 모습이 멋지다!"
- **안 좋은 예시**: "어이구, 그러게! 할 수 있으면서 왜 그렇게 미뤘니?"

 지시 후에는 항상 따라 와야 하는 것이 있지요! 바로 긍정적인 피드백과 칭찬입니다. 특정 행동을 했을 때 사회적 인정을 얻는 결과는 아이에게 보상이 됩니다. 이후 외적 칭찬이나 보상 없이도 스스로 단단한 내적 동기를 유지할 수 있습니다.

엄마: "놀고 싶은 마음을 참고 숙제부터 했구나! 해야 할 일을 책임감 있게 하는 모습이 멋지다!"

➜ 아이: '그래! 난 참을 수도 있고, 책임감 있는 사람이야. 거 봐. 난 할 수 있구나!'

속도가 다른 아이를 위한 맞춤형 가이드

훈육, 칭찬, 공감

9

훈육할 때는
제대로 훈육하기

    아이에게 화를 내지 않아야 한다는 것은 많은 양육서, 유튜브에서 자주 하는 말입니다. 이에 대해서는 부모님들도 모르지 않습니다. 하지만 ADHD 아이들은 정말 말을 안 듣습니다. 열 번이 아니라 수십 번 이야기해도 듣지 않는 아이를 보고 있으면, 예전 어른들 말처럼 '혼을 내지 않아서 그런 건가?' 싶기도 합니다. 그래서 크게 혼을 내 보기도 하지만 그때뿐이고 아이는 오히려 점점 더 반항할 뿐입니다. 아이가 올바른 행동을 배울 수 있도록 단호하면서도 부드러운 훈육의 원칙을 지금부터 알려 드리겠습니다.

혼내도 그날뿐, 원점으로 돌아가는 이유

초등학교 3학년 민재는 진료실에 와서는 아주 즐겁고 발랄한 표정으로 근황을 이야기해 줍니다. 민재는 학교, 학원, 집에서 아무런 문제가 없다고 말합니다. 속상한 일도 없고, 힘든 일도 없다고 하지요. 좋아하는 스마트폰 게임에 대해 실컷 이야기한 민재가 진료를 마무리 짓고 나간 후 민재 엄마가 저에게 하는 이야기는 이와는 정반대입니다.

민재는 일주일에 한두 번 같은 문제로 혼이 난다고 합니다. 바로 스마트폰 게임을 약속한 시간에 멈추지 못하기 때문입니다. 민재 엄마는 숙제를 다 하면 스마트폰 게임을 원하는 만큼 해 줄 테니 숙제를 먼저 하라고 이야기합니다. 하지만 민재는 최대한 숙제를 미루고 숙제를 하기 전에 꼭 1시간만 게임을 하겠다고 엄마에게 애원합니다. 한두 번 속은 게 아니지만 민재 엄마는 아이를 믿고 싶어 또 스마트폰을 내주게 됩니다. 문제는 스마트폰을 정해진 시간만큼만 하지 않다는 것이죠. 실랑이를 벌이다 결국 민재 엄마는 아이에게 싫은 말을 하고 맙니다.

"지금 당장 주지 않으면 앞으로 국물도 없을 줄 알아! 한두 번 속은 것도 아니고 내가 바보지! 어서 이리 내!"

아이에게 강제로 뺏다시피 스마트폰을 수거하면 아이는 게임을 지게 되어서 순위가 하락했다며 엄마 탓을 합니다. "엄마 때문에 게임에서 졌잖아! 내 아이템 물어내라고!" 그러면 또 아이와 한바탕 말싸움을 하게 됩니다. 결국 옆에서 보다 못한 아빠가 "시끄러워! 어디서 버릇없이 말대꾸야! 방으로 들어가!" 하고 민재에게 크게 화를 냅니다. 민재는 울면서 방에 들어갑니다. 그렇게 며칠간 냉랭한 분위기가 흐르자 민재는 눈치를 보며 스마트폰 게임을 자제합니다. 하지만 사흘을 넘기지 못해 다시 스마트폰 절제가 어려워 같은 문제가 반복되고 맙니다. 대체 왜 그런 걸까요? 초등학교 3학년에게 스마트폰을 사 준 게 문제일까요? 숙제를 다하면 스마트폰을 하게 해 주겠다는 것이 너무 비현실적인 계획일까요? 다시는 스마트폰을 하지 못하게 하겠다는 말이 아이를 자극한 것일까요? 아버지가 따끔하게 혼을 내 준 것은 정말 도움이 됐을까요?

자녀가 ADHD가 아니라고 해도 이런 일은 가정에서 흔하게 일어납니다. 그렇지만 ADHD 아이는 이런 일이 발생하는 빈도가 훨씬 높습니다. 왜 그럴까요?

ADHD 아이의 문제 행동은 주로 충동성을 조절하는 능력이 부족하기 때문에 생겨납니다. 아이들이 일부러 규칙을 어기거나, 부모에게 반항하고자 하는 것은 아닙니다. 또한 주의 집중력 부족으로 부모의 지시나 말이 잘 들리지 않기도 합니다. 흥분하면 전두엽의 통제 기능이 떨어지면서 더욱 감정적으로 반응하게 되는 것도 문제 행동의 원인입니다. 부모의 생각과 달리 ADHD 아이들은 일부러 말을 안 듣는 아이가 아니라 '자기 조절을 능력을 키우기 위해 도움이 필요한' 아이입니다.

 ADHD 아이들은 일부러 부모의 말을 안 듣는 것이 아니라 충동 조절의 어려움, 집중의 어려움, 전두엽 기능의 결핍 등이 원인입니다. 따라서 부모가 자기 조절 능력을 키울 수 있도록 도와야 합니다.

훈육보다 먼저 점검할 것

진료실에서 부모님들이 자주 하는 질문 중에 빠지지 않고 등장하는 게 있습니다.

"선생님, 혹시 저희가 너무 혼을 내지 않아서 이런 걸까요?"

굳이 잘못하지 않은 자녀를 혼내고자 하는 부모는 세상에 없을 겁니다. 부모님들은 아이가 좋은 길을 가도록 돕고 싶지만 아이가 변화가 없으니 답답한 마음에 그런 생각을 하게 됩니다. 사람의 행동이나 습관을 익혀 가는 방법은 크게 네 가지가 있습니다. 글을 읽고 있는 부모님들은 이 방법 중 어떤 방법을 주로 쓰시는지 생각해 보면 좋겠습니다.

첫 번째, 보상을 제공해서 목표 행동을 늘리는 것으로 긍정적 강화positive reinforcement 라고 합니다. 예를 들면 숙제를 다한 아이에게 미디어 시청 시간을 30분 주는 것입니다.

두 번째로는 싫어하는 것을 제거하여 목표 행동을 늘리는 것으로 부정적 강화negative einforcement라고 합니다. 정해진 양의 숙제를 다하면 아이가 하기 싫어하는 방 청소를 면제해 주는 것입니다. 또 다른 예로 숙제를 다하면 잔소리에서 벗어나는 것도 여기에 해당합니다.

세 번째로는 문제 행동이 일어나면 즐거움이나 기회를 박탈하는 것으로 부정적 처벌negative punishment이라고 합니다. 예를 들면 오늘 해야 할 숙제를 하지 않으면 원래 할 수 있었던 스마트폰 게임 1시간을 박탈하는 것입니다.

네 번째로는 문제 행동이 일어나면 불쾌한 자극, 즉 벌을 주는 것으로 긍정적 처벌positive punishment이라고 합니다. 정해진 양의 숙제를 하지 않으면 체벌을 하는 것입니다. 소리를 지르거나, 손바닥을 때리거나, 손들고 있게 하는 것을 말하지요. 이때 처벌의 목적은 '숙제를 안 하는 상황을 줄이는 것'입니다.

부정적 강화	긍정적 강화
혐오 자극 제거 → 행동 증가 예 숙제하면 방 청소 면제	보상 제시 → 행동 증가 예 숙제하면 게임 30분
부정적 처벌	긍정적 처벌
보상 제거 → 행동 감소 예 숙제 안 하면 게임 30분 금지	혐오 자극 제시 → 행동 감소 예 숙제 안 하면 체벌

어떤 방법을 가장 많이 쓰는지 떠올려 볼까요? 만약 긍정적 강화를 많이 쓰고 있다면 잘하고 계신 겁니다. 하지만 반대로 긍정적 처벌(벌, 훈육)을 많이 쓰고 있다면 칭찬, 격려 혹은 보상과 같이 긍정적인 방식을 많이 써야 합니다.

긍정적 강화는 바람직한 행동이 나타났을 때 즉각 보상을 해 주어 아이 뇌의 보상 회로가 활성화되면 바람직한 행동을 더 반복할 가능성이 큽니다. 반대로 긍정적 처벌은 불쾌한 자극을 확 줘서 단기적으로는 문제 행동을 줄이는 효과가 있습니다. " ~를 하지 마!"라는 메시지를 통해 문제 자극을 줄일 수 있지만, 대안을 제대로 알려 주거나 학습시켜 주지 않으면 목표 행동이 증가하지 않습니다. 부모의 메시지는 "숙제 안 하면 앞으로 혼날 거야. 그러니까 숙제는 꼭 해!"입니다. 하지만 이 메시지에는 숙제를 '열심히' 하거나 '잘하는 것'은 들어 있지 않지요. 아이의 머릿속 결론은 '잘해서 칭찬받아야지.'가 아니라, '못해서 혼나지나 말아야지.'가 되는 겁니다.

특히 체벌이 반복될수록(혐오 자극) 아이의 자존감이 낮아질 수 있습니다. 아이가 '나는 맞아도 싼 사람이야.'라고 생각한다면 무척 안타까운 일입니다. 또한 혐오 자극을 피하려고 잔꾀를 부리거나 점점 혐오 자극에 익숙해집니다. 결국 학년이 올라가면서 반항심이 커지며 결국 부모와 자녀 간의 관계가 어긋날 수 있다는 치명적 단점이 있습니다. 그래서 칭찬, 지지, 보상을 70퍼센트 이상 충분히 사용하고 처벌을 많이 줄이는 게 좋습니다. 하지만 정말 혼을 하나도 내지 않고도 아이를 키울 수 있을까요? 그렇다면 꼭 혼을 내야 할 상황은 언제일까요?

 아이들이 혼이 덜 났기 때문에 말을 안 듣는 것은 아닙니다. 오히려 아이를 혼내기 전에 충분히 칭찬, 격려, 보상 등의 방법을 썼는지 점검해 보세요.

훈육이 반드시 필요한 문제 상황 4

칭찬이나 보상 같은 긍정적인 방법으로 올바른 습관을 만들어 주는 것이 가장 좋습니다. 하지만 아이를 키우다 보면 그런 방법이 늘 통하지는 않습니다. 칭찬과 보상뿐 아니라 확실한 훈육이 필요한 상황이 있습니다.

첫 번째는 물리적으로 즉각 개입이 필요한 위험한 상황입니다. 예를 들면 다른 아이를 밀거나, 물건을 던져 부수거나, 타인을 다치게 하거나, 자기 자신을 다치게 할 수 있는 행동입니다. 이럴 땐 짧고 강한 신호가 필요합니다.

"멈춰, 그만해. 지금 그 행동은 다칠 수 있어."

두 번째는 물리적인 공격이 아니어도 언어적 공격이 있을 때입니다. 부모에게 "엄마나 잘하세요!"와 같은 식으로 모욕적인 말을 하거나, 부모에게 욕을 하는 행동도 선을 넘었다고 볼 수 있습니다. 부모는 같이 흥분하여 싸움에 말려들기 쉬운데, 그렇게 되면 자녀가 원하는 페이스에 말리게 됩니다. 따라서 최대한 차분하게 말해야 합니다.

"너도 지금 화난 것 같아. 하지만 엄마도 사람이야. 나를 모욕하는 말은 용납할 수 없어. 나도 기분이 좋지 않아서 너와 지금 말하고 싶지 않구나. 화가 풀리고 차분하게 이야기할 수 있을 때까지 기다려."

세 번째는 이전에도 여러 번 설명했고, 여러 가지 다른 방법을 썼음에도 불구하고 반복적으로 규칙을 어기는 경우입니다. 가끔 아이들도 상대를 시험하기도 합니다. 내가 규칙을 어기는 행동을 했을 때 괜찮다는 것을 확인하면서 점차 행동 반경을 넓혀 가는 겁니다. 그럴 때도 훈육이나 처벌이 필요합니다. 아이에게 단호하고 짧게 명확한 메시지를 전달해야 합니다.

"안 돼. 물건을 던지면 오늘은 게임을 할 수 없어. 그건 우리가 같이 정한 규칙이야."

네 번째는 공공장소에서 규칙을 위반할 때입니다. 예를 들어 식당에서 뛰어다니거나, 타인의 식사를 방해할 때 훈육이 필요합니다. 외출하기 전에도 미리 공공장소에서 지켜야 할 예의범절을 설명해야 합니다. 그렇게 외출을 했는데도 문제 상황이 일어난다면, 즉시 조용한 공간으로 이동하겠다고 말합니다.

"네가 이렇게 시끄럽게 떠들면 다른 사람들이 불편해. 지금 밖으로 나가서 진정하고 들어와야 해. 만약 계속 기회를 줬음에도 진정하지 못하면 바로 집으로 돌아갈 거야."

훈육 후에도 문제 행동을 반복한다면 계획했던 것보다 빨리 집으로 돌아갈 수도 있습니다.

 훈육을 하지 않고도 아이가 잘 따른다면 좋겠지만 훈육을 꼭 해야 할 때도 있습니다. 가장 확실한 기준은 아이가 공격성을 보일 때입니다.

화내지 않고 아이를 성장시키는 훈육의 기술

보상이라고 하면 용돈이나 선물이 먼저 떠오르듯이 훈육이라고 하면 체벌을 먼저 떠올리는 경우가 많습니다. 게다가 어릴 적 가혹한 체벌을 받은 부모라면 훈육이라는 말 자체에 반감이 커서 훈육을 하면 안 되는 것으로 생각하기도 합니다. 반면에 어떤 부모는 이왕 훈육할 거라면 아주 무섭게 해서 다시는 문제 행동을 하지도 않고, 떠올리지도 못하게 확실하게 해야 한다고 말하기도 합니다.

훈육의 목적은 무엇일까요? 훈육은 '어떤 원칙이나 규칙을 가르치고 훈련시킨다.'라는 뜻입니다. 훈육은 단순히 혼내거나 처벌하는 것이 아니라 중요한 메시지를 가르치고 연습하는 과정입니다. 훈육을 통해 가르칠 것은 다음 세 가지입니다.

훈육의 목적
- 행동하기 전에 생각하기
- 나의 행동에 책임지기
- 사회적 규범을 익히기

훈육을 할 때는 이 세 가지 목적을 가지고 있어야 합니다. 훈육은 행동의 기준과 책임을 가르치기 위한 수단입니다.

❶ 특권 빼앗기

첫 번째 훈육 방법은 특권 빼앗기입니다. 앞서 설명한 부정적 처벌의 원리를 사용하는 것으로, 칭찬이나 보상만으로 문제 행동이 잘 개선되지 않았을 때 사용해 볼 수 있습니다. 구체적으로는 아이가 좋아하는 활동이나 보상을 조절하는 방식입니다. 미디어 시청 시간을 줄이기, 게임 시간을 줄이기, 외식 횟수를 줄이기, 바깥 놀이 시간을 줄이기, 용돈을 줄이기, 간식 줄이기 등이 여기에 해당합니다.

훈육을 할 때는 감정적이거나 처벌하는 방식으로 아이의 즐거움을 빼앗는 것이 목적이 아니라, 규칙 위반으로 인한 결과임을 설명해야 합니다. 무엇보다 제한의 정도가 너무 심해서는 안 됩니다. 특히나 "앞으로 절대, 다시는!" 이런 식의 비현실적인 표현은 주의해야 합니다. 보통 그날 있었던 일의 결과는 그날 안에 제한을 받도록 하거나, 길어도 사흘을 넘지 않도록 해 주세요.

ADHD 아이와 미디어 과몰입 문제 때문에 싸우는 일들이 많을 겁니다. 어떤 부모도 처음부터 심하게 벌을 주고 싶지는 않습니다. 그래서 처음에는 부드러운 표현을 씁니다. 하지만 아이가 말을 듣지 않으면 경고의 수위는 높아지고 목소리도 커집니다.

1차 경고 - "자, 이제 스마트폰 끄고 들어가서 숙제해야지."
2차 경고 - "우리가 말한 시간이 10분 지났어. 지금 당장 끄고 들어가서 숙제해."
3차 경고 - "자, 벌써 20분 지났어. 지금 당장 들어가!"

그러다가 말을 듣지 않으니 부모의 인내심이 한계에 다다르고 아이에게서 스마트폰을 뺏고 말합니다. "앞으로 한 달간 스마트폰 없을 줄 알아!"

화가 나서 이렇게 이야기했지만, 사실 아이가 스마트폰 없이 생활하면 부모도 힘듭니다. 아이가 어디에서 어떻게 생활하는지 확인하고 소통할 수단이 없어지기 때문이지요. 아이도 심하게 제재를 당하고 나면 굳이 또 말을 잘 들을 이유가 없습니다. 일단 할 수 있을 때 최대한 하고, 뺏기면 그때 또 생각해 봐야겠다는 생각이 강해지죠. 쉽게 말해 '배 째라는 식'입니다. 그래서 제한의 정도가 너무 심해서는 안 됩니다. 아이와 미리 상의한 내용이 있다면 "너 지금 30분 더 했어. 내일은 스마트폰 사용 시간에서 30분을 제외하는 거야." 하고 말하고 스마트폰을 수거하는 것이 좋습니다.

❷ 책임감 부여하기

두 번째 방법은 아이가 부정적 결과를 스스로 감내하거나 책임을 지도록 하는 것입니다. 문제 행동을 했을 때 잘못에 따른 불편함을 겪도록 하여 학습하는 방법입니다. 특권을 빼앗는 방식보다는 좀 더 자연스럽습니다. 아이가 자신이 한 행동이 어떤 결과로 돌아오는지 인과관계를 인식하는 데 도움이 됩니다. 여기에서 아이에게 선택권이 있다고 알려 주는 게 중요합니다.

"이 물건은 네가 망가뜨린 거지? 불편하지만 한동안은 어쩔 수 없을 것 같다. 다시 사거나 고칠 방법을 생각해 보자. 네가 일주일간 정리를 잘하면 다시 살 수 있도록 도와줄게."

ADHD 아이는 뭔가가 잘 안 됐을 때 물건을 파손하는 경우가 흔합니다. 스마트폰이 느리다는 이유로 바닥에 던지거나, 컴퓨터 게임을 하다가 졌다는 이유로 마우스나 키보드를 부수는 일도 비일비재합니다. 그럴 때마다 손쉽게 사 주며 넘어가는 것은 그리 바람직하지 않습니다. 아이가 자신이 한 행동으로 인한 불편을 더 겪고 문제의 원인이 자신의 행동에서 나왔음을 알려 줘야 할 필요가 있죠. 물론 일주일 후에 사 주더라도 그 전까지 부모님은 아이의 투정에 많이 시달릴 수 있습니다. 이때 투정에 넘어가지 않고 원칙을 유지하며 이유를 반복해서 설명해야 합니다. 아이와 실랑이하는 괴로움은 부모가 감내해야 할 수밖에 없습니다. 꼭 필요한 물건이라면 대체품을 사는 과정에 참여시킬 수 있습니다. 같이 마트에 가거나 아이의 용돈을 일부 지출하는 방식으로요.

아이가 학원 숙제를 하지 않았다면, 학원에서 선생님에게 지적을 받거나, 좀 더 늦게까지 남아서 숙제를 하고 오도록 하는 방법도 가능합니다. 숙제할 때까지 놀이 시간이 줄어들 수 있다는 것을 미리 설명합니다.

"네가 학원 숙제를 다 하지 않게 되면, 학원에서 숙제를 다 하고

와야 할 거야. 선생님도 그렇게 말씀하셨고, 엄마도 거기에 동의해. 네가 학원에서 숙제하고 오느라 좀 더 늦게 오게 되면 네가 원래 할 수 있었던 게임 시간도 자연스럽게 줄어들 수밖에 없어. 그러니 게임 시간은 너의 선택에 달려 있어."

아이가 식사 시간에 밥을 먹지 않고 장난치며 산만하게 군다면 식사를 멈추고 이렇게 말해 볼 수 있습니다.

"장난 멈추고 3분간 쉬고 오도록 해. 다시 식사할 준비가 되면 말해 줘. 하지만 식사 시간은 30분까지야. 그 이후에는 식탁을 정리할 거야. 식사를 제대로 하지 않으면 간식도 먹지 않는다는 것 기억해!"

아이가 부정적인 결과를 감내하는 것은 쉽지 않은 일입니다. 따라서 자신이 한 행동은 까맣게 잊고 부모님에게 해결해 달라고 투정부릴 가능성이 큽니다. 이때 부모님은 일관성 있게 원칙을 세우는 것이 중요합니다.

책임감을 부여하는 방식을 사용할 때 고려할 점이 있습니다. 아이의 안전을 위협할 정도로 치명적인 결과가 예견될 땐 책임감을 부여하는 방법을 적용해서는 안 된다는 점입니다. 너무 높은 곳에서 뛰어내리거나, 위험한 장소에 가려고 하거나, 어른 없이 또래 친구들하고만 밤새 집에 있게 되는 상황은 "애들은 다 경험하면서 크는 거야."라는 말에 해당되지 않습니다. 또한 식사 시간에 돌아다니면서 밥을 먹을 때 "너는 밥 먹을 자격이 없어. 앞으로 밥 먹지 마!"라고 감정적으로 대응하며 오랜 기간 동안 식사를 제공하지 않는 것도 학대가 될 수 있습니다. 아이들의 기본적인 의식주는 침해받아서는 안 되기 때문입니다.

❸ 타임아웃

마지막으로 타임아웃이 있습니다. 우리 말로 한다면 '생각하는 시간' 정도로 표현할 수 있습니다. 마치 스포츠 경기에서 작전타임처럼 "타임!"이라고 외치는 것과 비슷합니다. 타임아웃은 벌을 주는 목적이 아니라 아이가 감정을 진정하고 다시 말하고 행동할 수 있게 도와주는 과정입니다. 특히 ADHD 아이는 과도하게 자극에 산만해지거나 흥분하기 쉬워서 자극을 줄이는 시간과 조용한 공간이 매우 필요합니다.

타임아웃은 미리 예고를 하고 시행하는 게 좋습니다. "동생을 때리면 타임아웃 할 거야."라고 했는데도 행동이 바로 반복될 때 시행합니다. 타임아웃에 적합한 공간은 조용하고 자극이 적으면서 부모가 관찰할 수 있는 곳입니다. TV나 장난감은 없어야 합니다. 거실이나 주방 구석진 공간에 바른 자세로 앉을 수 있는 아이용 의자를 마련해 놓습니다. 의자는 오직 타임아웃 용도로만 사용할 것을 권장합니다. 예를 들어 식사용 의자를 사용하면, 식사를 할 때마다 타임아웃과 관련한 기억이 떠오르게 될지도 모릅니다. 그래서 타임아웃용 의자를 따로 구분해 두는 것이 좋습니다.

아이 방을 타임아웃 장소로 사용할 수 있지만 고립된 방에 혼자 두는 것은 권장하지 않습니다. 특히 나이가 어리고 부모와 떨어지기 힘들어하는 아이는 타임아웃을 공포스러운 처벌로 느낄 수 있습니다. 생각하는 시간이라는 취지에 맞지 않는, 장난감이 많고 즐거운 공간도 권장하지 않습니다.

타임아웃의 시간은 너무 길지 않아야 하는데, 대체로 만 6세라면 10분 내외, 만 9세라면 9~18분 정도를 설정합니다. 그리고 시간을 아이가 확인할 수 있게 타이머를 비치합니다. 모래시계도 좋습니다. 아이가 모래시계나 타이머를 마주보고 앉는 것도 괜찮은 방법인데, 흥분한 감정이나 상태를 가라앉히는 데 도움이 되기 때문입니다. 타임아웃은 실제로 이렇게 적용할 수 있습니다.

"○○아, 화가 난다고 해서 그렇게 물건을 던지고 발을 구르면 안 돼. 10분 안에 물건 던지는 것을 멈추렴."

하지만 아이가 10분이 지나도 진정되지 않는다면 좀 더 명확하게 경고를 합니다. 아이에게 가까이 다가가서 얼굴을 바라보며 또렷하게 지시합니다.

"○○아, 엄마가 말한 10분이 지났어. 내가 말한 대로 하지 않으면 저 의자에 가서 10분 앉아 있어야 해."

그리고 타임아웃을 할 공간을 가리킵니다. 아이가 지시를 수행하는지 지켜보고 그렇지 않은 경우 타임아웃을 시행합니다. "자, 약속을 지키지 않았으니 저 의자로 가서 앉자!"라고 하며 아이를 의자로 데리고 갑니다. 아이가 그제야 물건을 던지지 않겠다고 약속해도, 타임아웃은 시행된다는 것을 말하고 시작하도록 합니다.

타임아웃을 하면 회피하는 아이도 있습니다. 화장실에 가고 싶다고 하거나, 토할 것 같다거나, 배가 고프다고 하는 식이지요. 그때에도 일관성을 지키며 즉각 타임아웃을 실행합니다.

아이가 타임아웃에 전혀 응하지 않거나, 부모에게 직접적인 공격성을 보이는 경우도 있습니다. 대부분 좀 더 허용적인 부모가 지시했을 때 그런 행동을 합니다. 이런 상황이 걱정이 된다면, 양쪽 부모 모두 집에 있을 때 시행하여 공격성을 예방하고 공격적 행동에 대처할 수 있는 환경에서 타임아웃을 시도해야 합니다. 아이가 타임아웃에 순응하게 되면 타임아웃의 시간을 줄여 줄 수 있습니다. 그렇게 몇 주간 타임아웃에 협조하면 허용적인 부모 혼자서도 타임아웃을 시행해 봅니다.

ADHD 아이 훈육 원칙 4

훈육하면서 오히려 반항이 더 심해지거나 행동 수정이 이뤄지지 않는다면 다음 네 가지 원칙이 잘 유지되고 있는지 확인해 볼 필요가 있습니다.

❶ 일관성 있고 예측 가능하게

남매가 놀다가 첫째가 자기 말을 들어주지 않는다고 둘째를 밀고 욕했습니다. 처음에는 부모가 격하게 화를 냅니다. "너는 오빠가 되어서 어떻게 동생을 그렇게 때릴 수가 있니? 네가 오빠니까 당연히 이해하고 양보해야지. 또 그러면 아주 단단히 혼날 줄 알아." 그런데 이틀 후 비슷한 일이 발생했을 때는 그냥 한숨 쉬며 "내가 하지 말라고 했지?" 하고 말하면서 그냥 넘어갑니다. 첫째 입장에서는 어떤 기준으로 부모가 크게 혼낸 것인지, 왜 이틀 후에는 혼내지 않는지 매우 혼란스럽습니다. 바람직한 훈육이라면 이렇게 하는 게 좋습니다.

"동생을 때리거나 욕하면 안 돼. 동생은 아직 어려서 너는 세게 밀지 않아도 크게 밀려나서 다칠 수 있어. 그리고 동생이 욕을 듣고 상처받고 무서워서 너랑 같이 놀고 싶어 하지 않을 거야. 앞으로 동생을 욕하고 때리면 놀이를 당장 중단할 거야!"

문제 행동이 나타나면 먼저 하지 말아야 하는 이유를 설명하고, 다음에 같은 일이 일어났을 때 어떤 조치가 취해질지 미리 알려 줍니다. 그리고 이틀 후 같은 상황이 반복되면 즉시 놀이를 중단시킵니다.

"자, 이제부터 놀이를 그만 한다. 이유는 네가 동생을 때리고 욕했기 때문이야. 이틀 전에 분명히 우리 약속했지? 지금은 놀이를 할 수 없어. 방에 들어가 있으렴."

이렇게 일관되게 규칙을 적용해야 아이는 자신의 행동에는 결과가 따라 온다는 것을 배워 갈 수 있습니다.

❷ 감정에 흔들리지 않고 차분하게

부모는 차분하게 훈육해야 합니다. 물론 감정을 완전히 배제하기란 정말 어려운 일입니다. 하지만 소리를 지르거나 감정적으로 흥분한 상태로 아이를 대하면 아이는 공포를 느낄 수 있습니다. 겁을 먹은 아이는 왜 그런 행동을 하면 안 되는 것인지, 그렇다면 어떻게 행동해야 하는지 이성적으로 인지하지 못합니다. 실제로 진료실에 온 ADHD 아이들에게 "너 부모님께 왜 혼났는지 기억하니?"라고 물으면 무슨 일로 잘못하여 혼났는지는 전혀 기억을 못하고 그저 "아빠가 무서웠어요."라고만 대답하는 일이 흔합니다. 즉 훈육의 목적은 사라지고 공포나 반감만 남죠. 또한 부모가 격앙되어 비난하는 말을 하면, 뉘우치기 보다 저항하고 싶은 마음이 들 수 있습니다. 그래서 오히려 관계가 악화되고 삐뚤어지는 경우도 있습니다. 훈육은 부모의 감정을 해소하는 과정이 아닌 아이가 규칙을 훈련하고 배우는 과정이 되어야 합니다.

- **아이가 정해진 게임 시간을 어기고 계속 게임을 할 때**

게임을 끄라는 반복적인 요구를 무시하고 있는 상황에서 부모는 굉장히 화가 날 수 있습니다. 결국 "도대체 몇 번을 말해야 알아들어! 지금 당장 스마트폰 꺼!"와 같은 식으로 명령하듯이 말을 하고, 아이도 같이 격앙되면서 부모에게 반항하고 부모 탓을 하게 됩니다. "아까 엄마가 시킨 심부름 하느라 게임 시간 20분 없어졌단 말이야!" 이럴 땐 부모가 화를 내고 짜증 내기보다는 이렇게 말해 보면 더 좋습니다.

"약속한 게임 시간에서 30분이 지났어. 전에 엄마가 말했지? 다음날 게임 시간 30분은 줄일 거야. 약속을 지키는 것은 중요하니까. 만약 지금 끄지 않으면 내일 게임 시간이 더 줄어든다는 것을 명심해."

- **말대꾸를 해서 짜증과 화가 쌓일 때**

아이도 나름대로 이유가 있다며 지시를 따르지 않으면 부모가 아이에게 "너 지금 어디서 꼬박꼬박 말대답이야! 누가 그렇게 되먹지 못한 태도를 보이라고 했어?"와 같은 식으로 말하게 됩니다. 부모 입장에서는 말대꾸하는 자녀가 너무 얄밉고 화가 나겠지만 차분하게 핵심 메시지를 전달해 보는 것이 좋습니다.

"지금 네가 말하는 것을 들으면 엄마 아빠를 무시하는 것처럼 들리거든. 지금 같은 방식으로 계속 말하면 우리도 대화하기 힘들어. 그럼 네가 원하는 것을 얻기 힘들 거야. 기회를 줄 테니 짜증 내지 말고 다시 차분히 이야기해 줘."

이렇게 아이에게 자신의 말투나 행동이 상대에게 어떤 영향을 주는지 인식하게 돕고 다시 시도할 기회를 주는 것이 좋습니다.

화를 내거나 폭언하진 않아도 벌칙이 과도하면 감정적인 훈육이 될 수 있습니다. 부모 입장에서는 문제를 뿌리 뽑고 싶은 마음에, 충격 요법을 주면 말을 잘 들을 것 같아 다소 과한 수준의 처벌을 하는 경우가 있습니다. "네가 이렇게 했기 때문에 '앞으로는 절대' 같이 야구장 가는 일은 없어. 알았어?"

이렇게 과도한 처벌은 결국 부모가 지키지 못하게 되기 때문에 몇 번 반복되면 아이들도 부모가 말할 때 '에이, 어차피 그렇게 하지도 못할 거면서.'라고 생각하게 됩니다. 그렇다고 부모가 일관성을 위해 아이가 좋아하는 활동을 장기간 박탈하거나, 아이를 의도적으로 무관심하게 대하면 정서 발달에 부정적인 영향을 줄 수 있습니다. 따라서 무엇보다도 부모의 감정 관리가 중요합니다.

❸ 즉각적으로 간결하게 훈육하기

훈육은 즉각적일수록 효과가 더 좋습니다. 아침에 있었던 일을 저녁에 지적하면 원인과 결과의 연결이 흐려집니다. ADHD 아이는 작업 기억과 시간적 개념이 희박하기 때문에 시간이 지나면 자신이 한 말이나 행동을 잘 기억하지 못합니다. '언제?', '내가 무슨 말을 했길래?'처럼 자신이 무엇 때문에 혼나게 된 것인지 이해하기 어렵습니다.

원칙은 그렇지만, 아이에게 싫은 소리를 하기 싫어 참거나 훈육을 미루고 쌓아 두는 경우가 많습니다. 그렇게 풀지 못한 마음속의 앙금이 아이가 잘못된 행동을 했을 때 한꺼번에 '다다다다' 하고 분출되기도 하죠. 이런 상황이 되면 아이는 '왜 지금에서야 날 혼내지? 엄마가 밖에서 힘든 걸 괜히 나한테 화풀이하는 거 아냐?'라는 식으로 억울해합니다. 아이는 부모가 감정적으로 반응하거나, 상황에 따라 태도가 달라진다고 느끼면서 혼란스럽고 부모의 말을 신뢰하지 못하게 됩니다.

피드백은 문제 행동 직후 10분 이내에 주는 것이 가장 효과적입니다. 짧지만 효과적인 훈육은 아이가 자신의 행동과 그에 따르는 결과를 연결 짓는 데 도움이 됩니다. 특히나 시간이 없는 상황에서 아이를 꼭 훈육해야 한다면 다음 방법으로 해 보시면 좋습니다.

1. 즉시 멈추도록 지시
2. 문제 행동을 짧게 요약
3. 하면 안 되는 이유를 간단히 설명
4. 대안 행동을 제시
5. 지시를 따른다면 지지와 칭찬

아이가 동생을 때리는 상황이라면 다음 5단계를 적용하여 이렇게 말합니다.

1. 지후야! 멈춰, 그만.
2. 동생 밀고 때리면 안 돼.
3. 동생이 아직 어려서 크게 다칠 수 있어. 다른 사람 때리는 거 아니야.
4. 동생 때문에 화가 났으면 엄마한테 와서 이야기해. 아니면 잠깐 숫자를 6까지 세 봐.
5. 좋아, 지금이라도 숫자 센 건 아주 잘했어. 역시 멋진 형이야.

퇴근하고 집에 오니 아이가 숙제를 하지 않고 저녁 내내 스마트폰을 하고 있습니다. 미리 숙제를 하라고 일러둔 아빠는 아이를 보자 화가 부글부글 끓습니다. 5단계를 기억하며 단호하게 중단하는 말부터 칭찬의 말까지 순서대로 해 보겠습니다.

1. (얼굴을 바라보게 하여 시선을 집중시키기) 지후야! 아빠 얼굴 봐. 스마트폰 그만!
2. (마주보며) 아직 숙제 안 했는데 스마트폰 하고 있구나.
3. 숙제하고 스마트폰 하기로 규칙 정했어. 더 하면 내일 스마트폰 시간 20분 줄일 거야.

4. 지금 스마트폰 바로 중단하고 숙제하자. 그럼 내일 10분 더 할 수 있어.

5. 좋아. 게임 끄는 게 어려운 일인데, 잘했어. 숙제 바로 시작하자. 이리 와서 앉아.

이렇게 즉각적이고 단호하게 이야기할 수 있습니다. 이럴 때 사족이 붙으면 좋지 않습니다. 예를 들어 "너 3일 전에도 아빠가 이야기했어? 안 했어?", "너 숙제 제대로 안 하면 나중에 어떻게 되는지 알아?", "학교에서 선생님께 전화 오게 할 거야 또?", "넌 맨날 혼나는 거 지겹지도 않니?" 이런 비난 조의 훈계는 오히려 효과를 반감시킨다는 것을 기억해 주세요.

❹ 아이가 알아들을 수 있는 단어와 어휘로

훈육은 아이의 수준에 맞춰서 해야 합니다. 아이는 나이와 인지 발달에 따라 이해할 수 있는 단어 수준, 문장 길이, 감당할 수 있는 처벌 수준이 있습니다. 아이의 수준을 무시하고 어른의 눈높이에서 가르치면 ADHD 아이는 훈육의 상황을 이해하기보다는 그저 처벌을 받았다고만 인식하고 반발심을 가집니다. 훈육은 단지 "하지 마."에서 그치는 것이 아니라 앞으로 어떻게 해야 하는지 알려 주는 과정입니다.

· **첫째가 둘째를 때렸을 때**

"사람을 때리는 것은 절대로 용납할 수 없는 행동이야. 너는 먼저 태어난 첫째니까 관용을 보여야지."라고 말하는 것은 아이가 이해하기 어렵습니다. 초등학교 저학년 아이에게 용납이나 관용은 추상적이고 어려운 말입니다. 아이의 발달에 맞춰서 이렇게 말해 주면 더 좋을 것입니다.

"동생을 때리면 동생이 크게 다치고 무서워. 지금도 동생이 울고 있잖아. 동생이 장난감을 방해해서 화가 난 것은 알겠어. 그래도 화났을 땐 엄마에게 먼저 말해 줘. 그럼 엄마가 도와줄게."

· **게임 시간을 넘겼을 때**

아이에게 "너는 왜 항상 약속을 안 지켜? 그렇게 하면 신뢰가 깨지는 거 몰라?"라고 말한다면, 아이는 '신뢰'라는 것이 얼마나 중요한 가치인지 이해하지 못할 가능성이 큽니다. 무엇보다 비난을 받았다고 생각하기 쉽습니다. 그럴 땐 이렇게 바꿔 보는 게 더 와닿습니다.

"게임 30분 하기로 약속했지? 지금 시간 넘었으니까 내일 15분 덜 하는 것으로 할 거야. 하지만 네가 앞으로 약속을 잘 지키게 되면 다시 시간 늘릴 수 있어."

"우리가 약속한 시간에서 20분 넘게 더 했어. 그래서 내일은 20분 줄일 거야. 약속을 지키는 것은 중요하거든. 네가 아빠랑 한 약속을 잘 지키게 되어서 믿을 만하다는 생각이 들면 그때는 게임 시간을 더 늘려 볼 수 있어."

- **씻기나 숙제와 같은 일상적인 할 일을 거부할 때**

씻기, 숙제하기 등 일상적으로 당연한 일을 하지 않고 아이가 누워만 있을 때 속이 답답해집니다. 이럴 때는 이후 일어날 수 있는 상황을 구체적으로 설명합니다.

"씻기 싫은 날도 있을 수 있지. 하지만 매일 씻지 않으면 점점 몸에서 냄새도 나고 감기도 잘 걸려. 만약 오늘 씻지 않는다면 내일 영상 볼 시간을 15분 줄일 거야. 선택은 네가 하는 거야. 준비되면 말해. 같이 가자. 씻는 건 도와줄게."

아이의 발달 상황에 맞춰 어떤 수준으로 말할 것인지, 선택할 수 있는 행동의 옵션을 좀 더 다양하게 줄지, 아이의 의사를 얼마나 존중할지 달라질 수 있습니다. 만약 초등학교 고학년이라면 어휘를 다르게 써 보기도 하고, 문제를 어떻게 해결할지 선택권을 주며 책임질 수 있도록 돕는 것도 좋은 방법입니다.

훈육 후 관계를 다지는 대화법

훈육하다 보면 아이와 부모 사이에 부정적 감정이 쌓일 위험성이 있습니다. 아이도 마음이 상하고 부모도 마음이 상해서 며칠, 심하면 수개월 이상 냉전이 이어지기도 하죠. 훈육의 목적은 아이를 돕는 것이지 아이를 고립시키는 것이 아닙니다. 따라서 훈육 이후에는 꼭 아이와 관계 회복을 위한 시간이 필요합니다.

대화는 좀 더 편안한 시간에 하는 것이 좋습니다. 보통 잠들기 전이 가장 편안한 시간입니다. "아까 왜 타임아웃 했는지 기억나니?", "그때 기분이 어땠어?"와 같이 아이의 행동과 감정을 짚어 주는 대화로 시작하세요. 섭섭했던 점이나 개선할 점을 이야기해 보면 좋습니다. "아빠도 그런 점은 미안하게 생각해.", "다음에는 어떻게 하면 이런 일이 덜할까?"와 같은 식으로 말입니다. 그리고 다음에 더 잘해 보자고 서로를 격려하고 꼭 안아 주며 마무리하면 좋겠습니다. 이런 대화는 훈육한 당일에 하는 것을 권장합니다. 적어도 사흘을 넘기지 않는 것이 좋습니다. 훈육 이후 부모와 감정을 나누는 시간을 통해 아이는 부모의 사랑을 확인하고 부모가 교정하는 것은 아이 자신이 아니라, 자신의 '특정 행동'이었다는 것을 알게 됩니다. 그리고 자신의 행동에는 그에 합당한 결과가 따른다는 것을 마음 깊이 느낍니다.

 올바르게 훈육을 하고 있을까?
❶ 일관된 규칙을 적용하고 있다. vs. 상황에 따라 이랬다저랬다 하고 있다.
❷ 미리 약속한 대로 벌칙을 적용하고 있다. vs. 소리 지르며 훈육하거나 과도한 벌칙을 준다.
❸ 잘못된 행동을 하면 즉시 간결하게 설명한다. vs. 참고 참다가 한 번에 폭발해서 과거 일을 다 들춰낸다.
❹ 아이 눈높이에 맞춰 설명하고 대안을 알려 준다. vs. 아이가 이해하기 어려운 말로 설교한다.
❺ 훈육 이후에 아이와 편안한 시간을 갖고 이야기 나눈다. vs. 그냥 아무 일도 없었던 것처럼 넘어간다.

10
칭찬할 때는 제대로 칭찬하기

아이의 교육을 위한 부드럽고 단호한warm and firm 훈육을 살펴보았습니다. 훈육은 무섭게 혼내는 것이 아니라 아이에게 적절한 선을 가르쳐 주는 것입니다. 그 선은 집과 학교생활, 부모나 또래 관계 등의 적절한 경계이기도 합니다. 다만 부모가 선을 가르쳐 주었다고 해서 아이가 바로 잘 지킬 수 있는 것은 아닙니다. 아이가 선을 잘 지키기 위해서는 연습을 해야 합니다. 그러한 연습 과정에서 필요한 것이 격려와 칭찬입니다.

ADHD 아이, 보상 의존성 이해하기

➕ **보상이 없으면 따르지 않아요**

"저녁마다 숙제시키는 게 일이에요. 어쩌다 자기 좋아하는 과목은 잘 집중하면서 대부분은 계속 미루기만 해요. 어렵게 시작해도 금방 딴짓을 해서 시간이 너무 많이 걸려요. 그나마 용돈이나 게임 시간을 준다고 하면 하긴 하는데, 대충 빨리하고 보상만 받으려 하니 실수가 많아요. 4학년이 되었으면 숙제 정도는 이제 스스로 알아서 해야 하는 것 아닌가요?"

구체적인 칭찬법에 앞서, 보상 의존성에 대해 조금 이야기해 보려고 합니다. ADHD 아이들은 ADHD가 아닌 아이들에 비해 보상에 의존하는 성향이 높은 편입니다. 그러므로 자주, 그리고 즉각적인 보상을 주는 것이 중요합니다. 부모가 건네는 보상 중에 가장 효과가 크고 지속성이 높은 것이 바로 칭찬입니다. 칭찬은 좋은 행동을 늘리는 데에도, 부정적인 행동을 줄이는 데에도 모두 효과적입니다. ADHD 아이들은 학년과 무관하게 어릴 때부터 숙제하는 데 여러 난관에 부딪힙니다. 충분한 자극이나 보상이 없으면 쉽게 동기가 생기지 않기 때문입니다. 당장 나타나지 않는 결과, 눈앞에 보이지 않는 보상을 기다리는 것도 힘들고 즉각적인 보상이 없을 때 동기를 유지하기도 어렵습니다. 이런 특성이 해야 할 일을 시작하거나 마무리하는 것을 방해합니다. 이에 일상의 여러 활동에서 스스로 동기를 부여하며 그 일을 해내는 것이 쉽지 않습니다.

✚ ADHD 아이는 칭찬으로 자란다

ADHD 아이들은 보상과 관련한 뇌 네트워크가 달라 일반적인 수준의 동기나 보상은 효과가 미미합니다. 보상이 없으면 안 한다기보다는 하기 어려운 것입니다. 지루하고 재미없는 숙제를 미루고 시작하기 어려워하는 것은 ADHD 아이들에게 상당히 보편적으로 나타나는 모습입니다. ADHD 아이에게는 보상이 꼭 필요합니다. 보상이 없으면 할 일을 하기 어려워한다면, 자연스러운 모습이라고 인정해 주세요. 보상이라고 하면 용돈이나 선물 같은 물질적인 것이 먼저 떠오를 수 있는데요. 가장 효과적인 보상은 바로 부모의 애정 어린 격려와 칭찬입니다. "칭찬한다고 효과가 있어요?" 네, 의외로 격려와 칭찬은 아주 큰 효과가 있습니다. 부모가 격려와 칭찬을 반복하면 숙제를 미루거나 집중하기 어려운 아이를 돕는 과정이 훨씬 수월해집니다.

ADHD 아이에게
동기를 부여하는 법

✤ **공부하는 데에 계속 게임 시간을 대가로 걸어요**

"선생님 말대로 보상이 필요한 것 같아서 숙제를 잘 마치면 게임 시간을 주고 있습니다. 그런데 공부 시간이 더 들거나 숙제가 많으면 꼭 게임 시간을 더 달라고 해요. 들어주지 않으면 공부 자체를 안 하려고 하고요. 보상이 없어도 당연히 해야 하는 일 아닌가요? 이러다 게임 시간을 안 주면 공부를 안 하는 아이가 되면 어떡하죠?"

보상을 계속 주면 결국 보상 없이는 아무것도 하지 않으려는 아이가 되지 않을까 걱정하는 부모님들이 정말 많습니다. 지루한 일, 즉각적인 보상이 없는 일을 하기 위해 스스로 동기를 부여할 줄 아는 것은 발달 단계에서 중요한 과제입니다. 하지만 ADHD 아이에게 자발적으로 지루한 일을 시작하기를 기대하는 것은 무리한 요구일 수 있습니다. 차음에는 적절한 격려와 칭찬, 필요시에는 물질적인 보상도 함께 주면서 동기와 자발성을 높일 수 있도록 도와주는 것이 필요합니다.

부모의 외적 동기부여를 바탕으로 아이가 어떤 일을 완수해 보면 작은 성취감이 생깁니다. 이때 부모의 꾸준한 격려와 칭찬은 물질적 보상에서 사회적 보상으로, 그리고 사회적 보상에서 내적 동기로 자연스럽게 이동하도록 돕습니다. 이렇게 경험이 쌓이면서 아이는 점차 스스로 동기부여를 할 수 있는 청소년, 성인으로 성장하게 됩니다.

✦ 효과적인 외부 보상 사용

할 일을 매번 미루는 아이에게 한눈에 잘 보이는 외부 보상을 사용하면 효과적입니다. 아이가 원하는 것으로 바꿀 수 있는 칭찬 스티커, 쿠폰 등을 활용하면 좋습니다. 게임 시간을 더 주거나 원하는 장난감을 사 주는 물질적인 보상도 유용합니다.

이럴 때 부모들은 '혹시 물질적 보상에 아이가 길들여지지 않을까?' 하고 걱정하곤 합니다. 실제로 아이들은 부모의 칭찬보다 돈이나 게임, 선물 같은 물질적 보상을 더 선호할 때가 있습니다. 하지만 이런 요구는 대부분 어린 시기에 나타나는 일시적인 현상이며, 성장하면서 점차 줄어듭니다. 격려, 칭찬, 보상을 통해 작은 성공 경험들을 쌓아 가도록 도와주면 아이는 뿌듯함이라는 내재적인 보상을 경험할 수 있습니다. 아이가 성장하면서 내적 동기가 더 발달하면 자연스레 자신감이 생기고 외부 보상에 의존하지 않을 힘이 생깁니다.

✦ 피드백과 보상은 즉각적이고 빈번하게

동기, 의지력이 자동차의 연료라면 ADHD 아이들은 다른 아이들보다 더 빠르게 연료가 고갈되어 자주 연료를 채워 주어야 합니다. 그러므로 아이가 싫증을 느낄 가능성이 적은 보상을 즉시, 충분히 제공하는 것이 좋습니다. 이때 무엇보다 강력한 보상이 바로 부모님의 칭찬입니다. 아이의 변화나 노력을 기뻐하며 건네는 칭찬과 격려는 무엇보다 강력한 보상이 됩니다. 예를 들어

"우와, 오늘 양말을 스스로 빨래통에 넣었구나! 우리 규칙을 기억하고 지켜 줘서 고마워. 정말 장하다."

"하기 싫었을 텐데 수학 숙제를 끝까지 다 했네. 수고 많았다, 고마워. 해야 할 일을 먼저 하고 게임 하는 모습이 정말 멋지다."

이렇게 아이의 행동을 인정해 주고 아이에게 깊은 성취감과 내적 동기를 심어 줄 수 있습니다.

칭찬을 위해서는 긍정적인 모습이나 변화에 주의를 기울이는 것이 도움이 됩니다. 아이의 어려움이나 문제에만 집중하기보다 좋은 모습과 변화를 발견하기 위해 노력해 주세요.

결과보다는 과정을 칭찬하기

✦ 잘하는 게 하나도 없는데 어떻게 칭찬을 해요?

"저도 정말 칭찬을 해 주고 싶어요. 그런데 잘하는 게 하나도 없는데 어떻게 칭찬을 해요? 맨날 얘기해도 변하는 모습도 없고 혼날 일만 가득한 아이한테 대체 어떻게 칭찬을 해 주라는 건가요?"

부모님들께 칭찬을 격려하면 매번 돌아오는 하소연입니다. 칭찬하고 격려하기가 생각보다 어렵다는 부모님들이 많습니다. 결과에 대해서만 칭찬하는 것이 익숙하기 때문입니다. 약속을 지키면 "잘했어." 하고 칭찬을 하지만, 약속을 어기면 어떻게 칭찬해야 할지 고민이 되지요. 부모의 의견에 따라, 또는 아이 스스로 의욕적으로 "식사할 때는 핸드폰을 보지 않을게요." 하고 약속하더라도 제대로 실천하지 못하는 일이 허다합니다. 혼내고 핸드폰을 압수하고 소리를 지르고 다시 약속하지만 또다시 지키지 못하는 상황이 반복됩니다.

✦ 아이의 노력을 포착해 주세요

약속을 지키지 못했다는 사실에 집중하다 보면 도무지 칭찬할 수가 없습니다. 하지만 과정이나 태도를 칭찬해 봐야겠다고 마음

먹으면 칭찬이 더 쉬워집니다. 칭찬은 행동의 결과와 무관하게 언제나 할 수 있습니다. 핸드폰을 보지 않고 식사에만 집중하기로 약속했다고 하더라도 바로 아이가 완벽하게 집중하지 못하는 건 당연합니다. 이때 보지 않으려는 연습을 자꾸 격려하다 보면 어제보다 오늘 식사 시간에 아이가 핸드폰을 덜 보려는 노력을 하는 순간이 반드시 찾아옵니다. 또는 부모의 눈치를 보며 참는 모습이 보일 수도 있습니다. 그럴 때 보지 않으려 애쓰는 노력, 식사할 때는 사용하지 않기로 한 약속을 지키려는 의지 자체를 칭찬해 줄 수 있습니다.

"너무 보고 싶은데 그래도 엄마 말을 기억해 주고 안 보려고 애쓰는 것 같아서 고마워."
"방금 엄마 아빠 말에 집중하면서 핸드폰을 덜 보려고 했던 것 같은데 그렇지? 노력하고 있는 것 같아서 고맙고 기뻐."

아직은 핸드폰을 아예 보지 않는 것도 아니고, 눈에 띄게 보는 시간이 감소한 것도 아닙니다. 그러나 아이가 조금이라도 노력하는 모습을 찾아내 칭찬해 주다 보면 고맙다, 기쁘다는 부모의 말이 아이에게 연료가 되어 더 노력할 수 있습니다. 조금씩 보고 싶은 마음을 잘 참고, 식사와 대화에 집중하면서 점차 핸드폰 보는 시간이 줄어듭니다. 격려와 칭찬의 말이 처음에는 낯설고 어색할 수 있습니다. 상상만 해도 낯간지러워 웃음이 나올 수도 있어요. 어떻게든 좋은 모습과 변화에 집중하며 격려하고 칭찬하려 애쓰는 과정에는 긍정적인 뉘앙스가 깃듭니다. 이런 분위기 속에서 부모와 아이 모두 좋은 감정을 느끼며 편안하게 소통하는 시간이 늘어납니다.

게임 시간을 지키는 것, 거짓말을 하지 않는 것, 욕설하지 않는 것 등 다양한 상황에서도 과정을 칭찬하는 방법을 적용할 수 있습니다. 비록 완벽하게 지키지 못하거나 참기 어려운 순간이 있더라도 조금이라도 애쓰는 모습을 짚어 주고 격려하며 칭찬하다 보면 아이는 꾸준히 노력하게 되면서 결국 바람직한 변화가 찾아옵니다.

고맙다는 말 자주 하기

✦ 당연히 해야 할 일인데 칭찬을 해야 하나요?

"약을 복용하면서 전보다는 준비물이나 숙제를 잘 챙기는 것 같기는 해요. 그래도 아직 깜빡할 때가 많고, 숙제도 하기 싫어하고, 미룰 때가 많아요. 어쩌다가 숙제를 잘 마치면 칭찬해 달라고 하거나, 게임 더 하게 해 달라고 하……. 아니, 당연히 해야 할 일인데 보상을 주고 칭찬을 해 줘야 하나요?"

이전보다 주의 집중과 실행력이 분명 좋아져 건강하게 지내고 있는 아이입니다. 그러나 여전히 부모님의 눈에는 실수투성이 같고 부족해 보이는 부분이 많을 수 있습니다. 아이가 스스로 해야 할 일을 척척 챙기고, 더 이상 잔소리를 하지 않아도 되면 참 좋겠다 하고 바라는 마음도 있지요. 전보다 잘해 내는 면이 분명히 늘었고 갈등도 많이 줄었지만, 이러한 긍정적인 변화보다 아직 아쉬운 점이 더 먼저 눈에 들어오는 순간들이 더 많을 수 있습니다.

하지만 생각해 보면 '당연히' 해야 할 일은 실제로 많지 않습니다. 그러한 기준은 어른들이, 사회가 만들어 낸 통념일 뿐 아이 입장에서는 왜 해야 할지 모르겠는 일, 그저 하기 싫은 일, 하기 어려운 일입니다. 아이가 성장하고 발달하며 전보다 좋은 방향으로 변화하는 모습들을 놓치지 않으려면 '해야 한다. vs. 하면 안 된다.'라는 양극단에서 자유로워져야 합니다. 외부의 기준이 아니라 과거보다 발전해 가는 아이의 모습에 집중할 때 보다 편안하고 자연스럽게 격려하고 칭찬해 줄 수 있습니다.

✦ 고맙다는 말을 자주 해 주세요

ADHD 아이들이 준비물을 잘 챙기고, 마무리하기 어려웠던 숙제도 끝까지 잘 마치는 것은 그저 당연한 일은 아닙니다. 아이 나름대로 애쓰면서 이루어 낸 성과이지요. 당연히 해야 할 일을 했을 뿐이라고 생각하더라도 그 과정과 결과 모두를 칭찬해 줄 수 있습니다. 어떤 경우에도 칭찬을 할 수 있는 마법의 단어, 그것은 바로 '고맙다.'라는 말입니다.

"숙제한다고 애써 주어 고맙다."
"오늘도 학원에서 수고가 많았겠네. 잘 다녀와 줘서 고맙다."
"오늘따라 반찬이 더 맛있었나 보다. 맛있게 먹어 주어서 고마워."
"이해가 잘 안 될 수 있는데, 조금이라도 집중해서 들어 주어서 고맙다."
"그게 많이 힘들었던 거구나. 말하기 쉽지 않았을 수도 있는데 얘기해 줘서 고마워."

결과나 과정과 상관없이 당연하다고 느껴지는 모든 행동에 '고맙다.'라는 말을 붙이면 아이의 긍정적인 모습을 찾아 주고 보상해 주는 칭찬이 됩니다. 진료실에서 매일 부모님들께 공감, 격려, 칭찬의 무한 반복을 강조합니다.

이렇게 칭찬해 주면 좋다고 장황하게 열변을 토하다가도, 마지막에는 "그냥 하루에 세 번씩만 아이에게 '고맙다.'라고 말해 주세요."로 정리하곤 합니다. '고맙다.' 한마디를 기억하고, 오늘부터 아이에게 고맙다는 말을 자주 해 주세요.

보상 의존성이 높은 ADHD 아이들에게는 칭찬이 더욱 중요합니다. 결과보다는 과정을 칭찬하고, 평소 고맙다는 말을 자주 해 주세요.

11
마음을 헤아리고 공감하기

　감정 조절이 어려운 ADHD 아이를 돕기 위해 진료실에서 가장 많이 권하는 것 중 하나는 "공감을 많이 해 주세요."입니다. 많은 분들이 "이해할 수가 없는데 어떻게 공감을 해요.", "공감을 많이 해 주는데 소용이 없어요.", "그러다 더 버릇없어질까 걱정돼요.", "공감이 너무 어려워요." 등 다양한 이야기를 합니다. 맞습니다. 공감은 원래 어려운 것입니다. 그래서 공감을 잘하기 위해서는 꾸준한 연습이 필요합니다.

　사실 공감은 참 헷갈리는 개념입니다. 국어사전에서는 공감을 '남의 감정이나 생각에 대해 자기도 그렇다고 느낌.'으로 정의하며 흔히 많은 분들이 공감을 '동감(同感)'과 같은 말로 여기곤 합니다. 하지만 공감은 단순히 같은 감정을 느끼는 것이 아닙니다.

공감은 타인의 마음을 헤아리고 수용하며 적절히 반응하는 인지적 과정을 의미합니다. 공감은 아이의 마음을 짐작해 보려는 '이해의 시도'입니다. 꼭 같은 감정을 느끼지 않더라도 아이의 상황을 상상하며 그 마음을 헤아려 보는 것 자체가 공감입니다. 마치 부모가 아이의 신발을 신어 보려 애쓰는 것처럼 말이죠. 그 과정에서 신발이 작고 불편하더라도 아이의 발 크기가 어떤지, 평소 신발을 어떻게 신는지, 뒤꿈치가 많이 눌려 있지 않은지 등을 살피고 느낄 수 있습니다.

우리는 동감하지 않더라도 공감할 수 있습니다. 아이가 왜 그렇게 행동했는지 궁금해하고 아이의 생각과 느낌, 감정을 헤아려 보려는 태도와 노력이 중요합니다. 그 과정을 통해 부모는 아이 곁에 함께해 줄 수 있습니다.

말을 하지 않는 아이의 마음도 헤아릴 수 있다

✦ 말을 안 하니까 이해할 수도 없고 답답해요
영하는 유치원에서 아무에게도 말을 하지 않아서 엄마의 손에

이끌려 진료실로 왔습니다. 엄마와 분리도 어려워 함께 상담했지요. 낯선 저와 눈을 빤히 맞추면서도, 저의 인사에는 답하지 않고 엄마 뒤로 숨으며 눈치만 봅니다. 좋아할 만한 놀잇감으로 주의를 돌려 보려 해도 엄마의 손을 꽉 잡고 더욱 매달립니다. 영하 엄마는 난처해하며 이야기합니다.

"영하야, 선생님한테 대답해야지. 집에서 엄마한테는 잘 얘기하잖아. 네가 말을 해야 선생님이 마음을 알 수 있어."

엄마의 말에 영하의 표정은 더욱 굳어지고 울먹이는 것도 같습니다. 아이의 표정을 계속 살피면서 소통을 시도합니다. 목소리 크기도 살짝 줄이고 조금 더 다정한 톤으로 말을 겁니다.

"오늘 더 많이 불편한가 보다. 선생님이 너무 무섭게 생겼나? 아유, 선생님 얼굴이 무서울 수도 있겠다."

영하는 살짝이지만 고개를 좌우로 젓습니다.

"선생님이 그렇게 무서운 얼굴은 아닌데……."

아이의 반응에 반가움을 표하며 익살스럽게 말하자, 굳어 있던 영하의 입꼬리가 살짝 올라갑니다. 저는 미소를 띠고 부드럽게 말을 이어 갑니다.

"여기가 많이 낯설고 그래서 더 불안하고 긴장될 수 있겠어요."

영하는 뚜렷한 동작으로 고개를 끄덕입니다.

"그렇구나. 많이 긴장되는데도 선생님 말 듣고 끄덕여 줘서 고마워요. 그러면 엄마 상담하시는 동안 잠깐 밖에서 기다려 줄 수 있을까?"

그러자 영하는 다시 얼굴을 찡그리며 고개를 세차게 젓고 엄마에게 바짝 달라붙습니다.

"아유, 너 오늘따라 왜 그러니. 원래 그래도 잘 기다리잖아."

"영하가 엄마랑 떨어지고 싶지 않은가보다."

영하는 다시 저를 보며 고개를 힘차게 끄덕입니다. '난 엄마랑 있을 거야. 나를 나가라고 하지 마!'라고 말하는 듯한 단호한 눈빛입니다.

"혼자 기다리는 게 무섭거나 불안할 수도 있겠다. 어떡하지, 어떻게 하면 좋을까?"

영하와 계속 눈을 맞추고 천천히 감정을 헤아리려 하면서 아이의 다음 반응을 기다립니다. 침묵도 잠깐, 영하 엄마가 문을 가리키고 다소 빠르게 말하며 나갈 것을 재촉합니다.

"자, 엄마 핸드폰 줄게. 이거 보면서 기다려!"

울먹이던 영하는 핸드폰을 보고 눈빛이 반짝이더니, 용기가 생겼는지 거침없이 문을 열고 나갑니다. 활짝 열려 버린 문을 닫지는 않습니다. 영하는 이후 즐겁게 핸드폰을 보면서 홀로 잘 기다릴 수 있었습니다.

"얘가 낯가림이 너무 심한지 말을 안 해서 유치원 선생님이 병원에 가 보라고 하시더라고요. 크면서 괜찮아질 줄 알았는데……. 근데 집에서는 오히려 너무 수다스러워서 힘들거든요. 목소리는 또 어찌나 큰지 밤에 주의를 줘도 시끄럽게 돌아다녀서 층간소음으로 연락이 올까 늘 걱정이에요. 그런 애가 유치원에서는 입을 꾹 닫고 여러 번 말해도 잘 안 움직이니까 선생님도 어쩔 줄 몰라 하세요. 어떻게 해야 하나요?"

✦ 부모의 말로 아이의 마음을 읽어 주세요

ADHD 성향과 높은 불안 기질이 맞물리면 특정 상황에서 말을 하지 않는 선택적 함구증을 보이기도 합니다. 영하는 말은 하지 않았지만 다양한 비언어적인 의사 표현을 할 수 있었습니다. 아이의 눈빛, 표정, 자세, 동작 등을 살피면서 "영하가 지금 이런 감정을 느낄 수 있겠다."라고 마음을 헤아려 보았습니다. 아이는 조금 긴장이 풀리고 제게 주의를 기울이며 고개를 젓거나 끄덕이는 방식으로 반응했습니다.

이처럼 공감이라는 것은 아이 입장에서 마음을 헤아려 보는 것입니다. 말을 하지 않더라도 얼마든지 그 마음을 이해해 보려 시도할 수 있습니다. 굳은 표정, 살짝 올라가는 입꼬리, 고개를 젓거나 끄덕이는 것, 울먹이거나 단호한 눈빛 등을 통해 '이런 마음인가 보다.' 하고 짐작해 보는 것입니다. 이러한 공감적 반영을 통해 아이는 자신의 감정을 인식하게 되고, 긴장이 풀리면서 소통이 한결 수월해집니다.

말로 잘 표현하지 못하는 아이일수록 마음을 언어로 표현해 주는 것이 중요합니다. 맞고 틀리고는 중요하지 않습니다. 아이의 마음을 헤아려 보고 이해하려는 시도가 의미 있습니다. 아이는 그에 반응해서 조금 더 자신의 감정을 인식하고 표현하며 소통이 이어질 수 있습니다. 어른이 자신의 감정을 말로 번역해 주면, 자기도 몰랐던 감정을 인식하면서 아이는 감정을 더 잘 느끼고 표현하는 방향으로 성장해 갑니다.

아이 마음을 여는 거울 대화

✦ 이해할 수 없는데 어떻게 공감을 해요

"얘가 왜 그러는지 도무지 이해할 수가 없어요. 학원 가기 싫다고 징징거리다가 가지 말라고 끊으려 하면 또 가고 싶다고 하고. 다닐 거면 숙제 잘하기로 해 놓고 숙제는 못 하고. 그러니 맨날 혼낼 수밖에 없지요. 잘 못할 거면 안 가면 되잖아요? 제 기준에서는 이해할 수가 없어요. 이해가 안 되는데 어떻게 공감을 해 주나요?"

부모님들은 '아이를 이해할 수 없다. 그래서 공감이 너무 어렵다.'라는 말씀도 많이 합니다. 물론 여기에는 아이의 행동이 이해되지 않아 수용이 어려운 경우도 포함됩니다. 이때는 ADHD에 대한 올바른 이해가 상당히 도움이 됩니다. ADHD를 더 잘 이해하고 나면 아이의 행동을 보다 편히 수용하고 객관적으로 바라볼 수 있게 됩니다.

아이가 자신의 생각과 느낌을 말로 잘 표현해도 부모님의 기준에 이해되지 않을 때는 공감이 어려울 수 있습니다. 공감과 동감을 헷갈리는 것도 영향을 줍니다. 공감은 단순히 똑같이 생각하거나 느끼는 것이 아닙니다. 공감은 마음을 헤아려 보는 이해의 시도이자, 능동적인 과정입니다. 우리는 아이와 같은 감정을 느끼지 않더라도 공감할 수 있습니다.

✛ 아이의 말을 그대로 따라 하기

공감을 어려워하는 부모님들께 "아이의 말을 그대로 따라 해 보세요."라고 자주 말씀드립니다. 도무지 이해되지 않더라도 아이가 말한 단어를 그대로 사용하여 말해 주는 것만으로도 공감적인 반응이 됩니다. 그러면 아이는 떠오르는 생각과 감정을 더 잘 표현할 수 있습니다. 그 말을 또 따라 하며 마음을 헤아리는 과정을 이어 가는 것이지요. 그러다 보면 아이와 함께 그 마음을 들여다볼 수 있고, 그 과정에서 아이의 생각과 감정이 더 잘 이해되기도 합니다. 예를 들어 아이가 "나 진짜 게임 하고 싶었단 말이야! 엄마가 못하게 했잖아! 나 정말 짜증 나!"라고 토로한다면, 부모는 "게임을 하고 싶은데 못하게 되어서 많이 짜증이 났구나."라고 아이의 감정에 먼저 공감해 줄 수 있습니다. 또 "학원 숙제가 너무 많아. 지루하고 힘들어! 하기 싫단 말이야!"라고 말하는 아이에게는 "숙제가 지루하고 양이 많아서 힘들었구나. 그래서 하기 싫은 마음이 들었겠구나."라고 아이의 마음을 그대로 비춰 주는 방식이 도움이 됩니다.

많은 경우 부모는 아이의 표현에 대해 어떤 판단을 하고 자신의 생각을 이야기합니다. 그 순간 공감 과정은 중단되어 버립니다. 아이의 신발을 신어 보려 하던 중에 자신의 신발을 다시 신는 것과 같습니다. 이때 아이의 말을 그대로 따라 하는 것은 부모의 생각과 판단을 미루고, 그 순간 아이의 마음에 집중하는 것을 도와줍니다.

똑같이 따라 하지 않아도 "그랬구나." 정도로 반응하며 경청할 수 있습니다. 이러한 과정에서 아이는 자신의 마음이 인정되고 수용받는 경험을 하게 됩니다. "그랬구나. 그럴 수 있지."라는 말을 기억해 주세요. 이 반응이 어려운 이유는, 부모의 많은 생각과 판단이 수용과 인정을 방해하기 때문입니다. 판단하지 않는 것, 생각을 조절하는 것은 누구에게나 어렵습니다. 저희들은 진료실에서 부모님의 그러한 어려움을 공감하고자 노력하며, 부모님이 먼저 수용받고 인정받는 경험을 할 수 있도록 돕습니다. 그 경험을 바탕으로 자신을 포함해 타인을 판단하지 않고 수용하는 연습을 꾸준히 하면 공감을 더 쉽고 편하게 할 수 있습니다.

공감 대화로
버릇이 없어질까 걱정된다면

✤ 다 들어주면 버릇이 없어질까 걱정돼요

"벌써 4학년인데 아직도 자기 마음대로 안 되거나 하면 그냥 울어 버려요. 가기 싫을 때는 계속 짜증만 내고 요즘에는 어디서 배웠는지 욕까지 해요. 욕하는 걸 공감해 줄 순 없잖아요? 저는 받아준다고 해도 친구들이나 선생님들한테는 그러면 안 되는 거 아닌가요? 자꾸 받아 주니까 더 버릇없어진 건지 걱정이에요. 이제라도 따끔하게 혼내야 할까요?"

ADHD 아이들은 어느 정도 말로 표현할 수 있게 된 후에도 정서의 인식과 표현이 미숙한 편입니다. 특히 부정적인 감정일수록 짜증, 화, 욕설 등으로만 표출할 수 있습니다. 그럴 때 "아이가 욕을 하는데 어떻게 공감을 해 주나요. 욕을 못 하게 해야죠."라고 말씀하는 부모님들이 많습니다.

아이가 욕설을 할 때, 부적절한 행동이라는 것을 알려 주어야 하는 것은 맞습니다. 그러한 선을 가르쳐 주는 교육이 훈육입니다. 다만 훈육은 무섭게 혼내는 것이 아닙니다. 오히려 공감적인 수용이 바탕이 될 때 아이는 부모가 가르치는 내용을 잘 받아들일 수 있게 됩니다. 공감적인 대화를 통해서, 욕설보다는 더 좋은 다른 방법으로 감정을 표현하고 해소할 수 있다고 아이에게 가르쳐 줄 수 있습니다. 아이가 욕을 한 행동 밑에는 원인이 된 감정이 있습니다. 고치기 어려운 행동일수록 기저에는 여러 복잡한 감정들이 얽혀 있는 경우가 많습니다.

"욕이 나올 정도로 지금 화가 나고 속상한가 보다."
"뭔가 많이 불편하고 괴로운가 보다."
"나도 모르게 욕이 나와 버렸나 보다. 너도 당황했을 수도 있겠다."

아이가 욕을 하는 순간 필요한 공감의 태도는 이렇게 아이의 감정을 헤아려 보는 것입니다. 너무 괴롭거나 흥분했을 때는 공감을 해주는 데도 아이의 감정이 쉽게 가라앉지 않을 수 있습니다. 그럴 때도 공감의 시도를 계속 유지하는 것이 좋습니다. 공감적인 반영을 해 주려 노력하는 누군가가 있을 때, 아이는 상대방을 거울삼아 자신의 상태를 인지하게 됩니다. 그리고 보다 빠르게 힘든 감정을 해소하고 조절할 수 있습니다.

그럴 때 여러 생각이 부모님의 공감 과정을 방해할 수 있습니다. '얘가 이러는 걸 남들이 보면 뭐라고 생각할까?', '이럴 때마다 욕을 하는 것을 내가 혼내서 고쳐 주어야 하는 것 아닐까?'

✤ 공감의 출발은 판단하지 않고 수용하는 태도

부모님을 불안하게 만드는 생각에 사로잡혀 지시, 조언, 비난을 하면 그 순간 공감할 수 없게 됩니다. 나의 생각과 판단은 모두 내려 두고, 지금 여기 이 순간 아이의 마음에 집중해야 합니다. 그래서 상담 중에 저는 "하고 싶은 말을 참으세요."라고 자주 말씀드립니다. 하고 싶은 말을 참고 아이에게 집중할 수 있을 때, 마음을 헤아리고, 공감하는 것이 가능해집니다. 공감은 타인의 마음을 헤아리고 수용하며 적절히 반응하는 인지적 과정이기 때문입니다. 판단하지 않고 수용할 수 있을 때 공감이 시작됩니다.

통제와 허용 두 가지 방식으로만 아이를 대하면 아이에 대한 수용이 어렵습니다. 수용과 허용은 헷갈릴 수 있는 개념입니다. 수용은 있는 그대로의 상태를 이해하고 존중하는 것입니다. 통제나 제한의 반대를 뜻하는 허용과는 다른 의미입니다. 한 가지 중요한 것은, 공감 과정에서는 아이와 함께 있으면서 기다려 주어야 한다는 것입니다. 공감 어린 한두 마디를 해 주었다고 해서 아이의 힘든 감정이 금방 해소되지는 않습니다. 몇 시간이 걸릴 수도 있고, 며칠이 필요할 수도 있습니다.

"아까 많이 힘들었던 것 같은데 지금은 괜찮니?"
"어제 너무 속상했었잖아. 오늘은 기분이 어때?"

시간을 주고 기다려 준 뒤, 이제 괜찮아졌는지 궁금해하며 물어보는 것도 마음을 헤아려 보는 시도이자 공감입니다. 공감적인 태도로 꾸준한 관심과 돌봄을 주면 아이는 보다 빠르게 부정적인 감정을 해소할 수 있습니다. 그런 후 아이와 다음 단계의 소통을 이어가면 됩니다.

등교와 출근이 겹치는 오전 시간대처럼 각자의 일정으로 물리적으로 계속 기다려 줄 수는 없는 때도 많습니다. 또 매번 생각한 것처럼 반응해 줄 수 있는 것은 아니지요. 그래도 괜찮습니다. 할 수 있는 만큼 노력하고 시도하는 것 자체로 충분하며, 긍정적인 효과가 있습니다.

어떻게 하면 좋을까 질문해 주세요

✣ 공감만 해 주면 언제 혼내나요?

"제가 선생님 말대로 '그렇구나, 네가 화가 많이 났구나!'를 많이 해 줬어요. 그래도 똑같이 계속 그러는데 저도 '그렇구나!'만 반복하는 게 맞는 건가요? 요즘에는 애 아빠가 당신이 그러니까 애가 버릇이 없다면서 그렇게 오냐오냐하니까 계속 그런다고 뭐라 하고. 저도 힘들어서 더는 공감을 못 해 주겠어요."

"'그렇게 하면 안 돼, 이렇게 해야 돼!' 하고 수도 없이 말했지요. 아이도 분명히 알고 있단 말이에요. 그런데도 제 앞에서만 그러는 걸 보면, 저를 만만하게 보는 것 같아요. 아빠는 무섭게 해서 그런지 아빠한테는 안 그러면서 저한테만 짜증 내고 화를 내거든요."

진료실에서 나누는 흔한 대화입니다. 거의 매일이라고 해도 과언이 아닐 것 같아요. 아빠는 엄마의 행동을 탓했지만, 사실 '그렇구나!'를 적극적으로 활용하여 아이의 말에 잘 공감해 준 상황입니다. 엄마가 표정과 말과 행동으로 비추어 준 것을 통해 아이는 자신의 마음을 더 잘 인식했을 겁니다. 그렇지만 공감적 반영이 아이의 행동 변화로 곧장 이어지는 것은 아닙니다. 그 변화를 도와주는 교육, 훈육의 과정이 필요합니다.

흔히 부모가 아이를 가르칠 때, "해야 한다." 또는 "하면 안 된다."라는 내용을 반복해서 강조합니다. 또는 아이가 스스로 감정을 조절해야 하는 상황에 대해 바로 조언하거나 구체적인 방법을 지시하기도 합니다.

"아무리 그래도 그럴 때 책상을 두드리면 안 돼. 다음부터는 그러지 마."
"큰 소리를 내면 안 돼. 수업을 방해할 수 있으니 조용히 있어야 해. 좀 참아 봐."
"그럴 땐 울지 말고 친구한테 이렇게 얘기해."

앞선 사례처럼 아이는 이미 어떻게 해야 한다는 것은 잘 알고 있습니다. 다만 아는 것을 행동으로 옮기는 실행이 어렵습니다. 알지만 그렇게 행동하기가 어려운 것입니다. 이 글을 읽는 부모님들도 수용과 공감이 좋다고 알고 있지만 실천하기는 쉽지 않잖아요. 하물며 자라나는 아이들이 아는 대로 행동하기는 생각보다 무척 힘든 일입니다.

✤ 어떻게 하면 좋을까 질문하기

"어떻게 하면 좋을까요?"

저는 진료실에서도 부모님께 질문을 드리고 잠시 기다리는 시간을 갖기도 합니다. 여기서 필요한 것이 바로 '적절한 질문'입니다. 앞서 공감적인 훈육이 교육에 더 효과적이라고 했습니다. 특히 부정적인 감정에서 비롯된 부적절한 행동일수록 우선 감정이 해소될 때까지 기다리는 것도 필요합니다. 충분한 공감을 통해 감정이 해소되고 소통이 가능할 때 교육을 위한 대화를 시도할 수 있습니다. 그때 아이에게 스스로 생각해 볼 수 있는 질문을 던집니다.

"지금은 기분이 괜찮아져서 다행이다. 다음에 또 그럴 때는 어떻게 하면 좋을까?"

이러한 상황이나 소통이 적을수록 아이는 잘 대답하지 못할 수 있습니다. "몰라요."라고만 하거나 대화를 회피할 수도 있지요.

"너무 어려운 질문이라 뭐라 대답할지 모를 수 있겠다."
"그 얘기는 하고 싶지 않은가 보다."

"그때 혼난 것도 속상했고, 안 그러고 싶었는데 너도 모르게 또 그래서 아직 속상할 수 있을 것 같아."

이처럼 우리는 아이의 대답이나 반응도 공감해 줄 수 있고, 응어리진 감정도 헤아려 볼 수 있습니다. 대화에 집중하도록 격려가 필요할 때도 있을 거예요. 주의 집중하는 태도에 대해 부드럽게 격려하고 부모와 눈을 맞추거나 귀를 기울이는 모습을 보일 때 즉각적인 칭찬을 해 주세요. 공감이나 칭찬이 보상으로 작용하면 보다 수월하게 대화를 이어 갈 수 있습니다.

"그냥 참을 거예요."
"욕은 안 하고 이렇게 말해 줄 거예요."

아이가 대답하면 그다음 단계는 쉽습니다. 아이의 말을 그대로 따라 해 주면 됩니다. 대답에 대해 칭찬을 하는 것도 좋습니다. 계속해서 "어떻게 하면 좋을까?" 질문하면서 아이에게 생각할 시간을 주고 기다려 주는 것이 필요합니다.

"다음에는 참고 욕을 안 하고 싶구나. 그렇게 말하려는 계획이 있구나. 얘기해 줘서 고마워. 근데 지난번에도 그렇게 생각했었는데, 아직 조절이 어려웠던 것 같아. 어떻게 하면 좋을까?"

"몰라요. 왜 자꾸 물어봐. 다시 생각해도 잘 모르겠어요."

충동적으로 욕이 나오는 것을 참고 감정을 조절하는 것은 아이들에게 원래 어렵습니다. 다른 방법으로 감정을 해소하려면 대안도 필요하지만 마땅하게 떠오르지 않을 수 있습니다. 바로 이때 우리가 가르쳐 주고 싶은 내용을 지시가 아닌 의견의 형태로 공감적인 대화에 녹여 내 들려줄 수 있습니다.

"이렇게 해 볼 수도 있겠다. 이렇게 해 보면 어떨까?"

"이 방법은 어때?"

"난 이렇게 해 본 적이 있어."

이런 질문으로 시작된 대화를 하다 보면 아이는 누군가가 자신에게 시킨다고 느껴 거부감을 느끼기보다 "응? 그런 방법도 괜찮네? 오, 그런 방법도 있구나!" 혹은 "한 번 생각해 볼게요." 하고 마음을 열고 고민하게 됩니다. 즉 스스로 대안을 인지하게 도와주는 것입니다. 아이가 변화해 보겠다고 마음을 먹고, 작은 노력이라도 시작했을 때 그 동기와 시도 자체를 기뻐하며 칭찬과 격려로 응답해 줄 수 있습니다. 그러면 다음에 비슷한 상황에서 부모의 질문과 공감, 칭찬, 격려를 기억하고 조금은 다르게 행동해 보려 노력할 수 있을 거예요.

여기서 잠깐, 이러한 공감적 교육이 한 번 있었다고 해서 아이가 바로 다르게 행동하기는 어려울 수 있습니다. 유사한 상황이 생길 때마다 충분히 여러 번 공감적 대화를 반복하는 것이 필요합니다. 조금씩, 또 조금씩 다르게 행동하는 것을 연습하면서 아이는 더 성숙한 행동을 할 수 있게 됩니다. 꾸준히 격려하고 칭찬하며 아이의 성장을 기다려 주어야 함을 기억해 주세요.

 공감은 타인의 마음을 헤아리고 수용하며 적절히 반응하는 인지적 과정입니다. 아이의 마음을 헤아려 보고 이해하려는 시도 자체로 의미가 있습니다. 말을 하지 않는 아이의 마음도 헤아려 볼 수 있고, 아이의 말을 그대로 따라해 주면서 거울처럼 반영해 줄 수 있습니다. 무엇보다 공감을 위해서는 판단하지 않는 것이 중요합니다. '그럴 수 있지.'라는 마음으로, 아이의 어떤 모습도 인정하고 수용할 때 공감이 시작됩니다.

Part 4

속도가 다른 아이를 위한 실전 훈련

사회성, 자기 관리, 마음챙김

12

너와 나를 알아가는 사회성 연습

사회성은 진료실에 찾아오는 부모님들이 걱정하는 대표적인 주제입니다. "자기중심적이에요. 그래서인지 친구들과 잘 어울리지 못해요." 실제 많은 ADHD 아이들이 또래 관계에서 어려움을 겪습니다. 여기에는 부주의성, 과잉행동, 충동성, 집행 기능(실행 기능)의 어려움 등이 복합적으로 영향을 끼쳐 아이를 도우려는 부모와 갈등이 생기기도 합니다. 그러나 자기 인식이 부족하고 스스로를 객관적으로 보기 어렵기 때문에 아이는 그저 억울해하는 경우가 많습니다. 부모님이 아무리 좋은 조언을 해 주어도 아이는 받아들이지 못합니다. 반복적으로 교육해도 쉽게 생각이 바뀌지 않다 보니 행동의 변화로 이어지기도 어렵습니다.

주의 전환의 어려움으로 인해 아이의 생각도 다른 방향으로 전환이 어려울 수 있습니다. 그래서 ADHD 아이들은 인지적으로 유연하지 못한 편입니다. 또래나 부모에게 고집이 세고 융통성이 없다는 인식을 줄 수도 있습니다.

어떻게 하면 아이의 사회성을 키울 수 있을까요? 부모님들은 "약을 먹어도 사회성은 좋아지지 않는 것 같다. 사회성 수업을 받았는데 좋아졌는지 모르겠다."라며 답답해합니다. 약물적 도움을 통해 부주의성, 과잉행동, 충동성이 감소하면 그 자체로도 사회성 발달에 긍정적인 영향을 줍니다. 다양한 방식의 행동치료나 사회기술훈련 또한 사회성 증진에 도움이 되는 것이 맞습니다. 다만 단기간 동안 성장에 따른 변화가 두드러지지 않을 수 있고, 수업에서는 사회성이 좋아진 것 같아도 실제 일상에서는 부족할 때도 있습니다. 가장 중요하며 효과적인 방법은 부모가 일상적으로 사회성 발달을 돕는 것입니다.

자기 인식 연습:
자기 말만 해서 대화가 어려운 아이

✥ 자기 말만 해서 대화가 어려워요

"말이 많은 것은 그럴 수 있는데, 문제는 제 얘기는 안 듣고 자기 하고 싶은 얘기만 해요. 대화를 주고받는 느낌이 잘 안 들어요. 친구들도 비슷하게 느낄 것 같아요. 이러다 친구도 못 사귀고 따돌림 당할까 봐 걱정돼요."

아이디어가 풍부하고 표현하기를 좋아하는 ADHD 아이들에겐 말이 많고 수다스러운 모습이 흔히 관찰됩니다. 하고 싶은 말을 참는 것은 쉽지 않기에 대화 중에도 자신이 하고 싶은 이야기만 계속할 수 있습니다. 상대의 말이 끝날 때까지 기다리는 것도 어려워 중간에 말을 끊고 불쑥 끼어들기도 합니다. 또 자신의 관심사에만 몰입하다 보면 상대의 말을 잘 듣지 않거나 내용을 금방 잊기도 하고, 다른 주제로 전환이 어려운 편입니다. 이에 주고 받는 핑퐁 대화가 잘 안 되어 상대가 불편할 수 있습니다. 그러다 보면 또래들이 대화를 나누지 않으려고 할 수도 있지요.

✦ 거울이 되어 비춰 주기

"너 그렇게 하면 친구들이 싫어해. 네 얘기만 하지 말고 조용히 좀 있어 봐."라고 얘기한다고 해서 아이가 금방 그렇게 변하기는 어렵습니다. 아이는 하고 싶은 이야기를 했을 뿐인데 지적한다고 속상할 수도, 내가 무슨 잘못을 했냐며 억울해할 수도 있지요. 어릴수록 다른 사람의 눈에 비친 자신의 모습이 어떤지 인지 자체를 못 할 수 있습니다. 그렇기에 부모님이 애정을 담아 하는 지시나 조언은, 아이의 변화에 영향을 주지 못할 때가 많습니다.

아이에게 도움이 되는, 우리가 원하는 교육을 해 주려면 첫 단계로는 자신의 모습이 어떤지 알 수 있게 도와주어야 합니다. 이는 마치 아이에게 거울을 비춰 주는 것과 같습니다. 아이의 행동을 말로 바꾸어 언급해 주는 것만으로도 반영 효과가 있습니다. 그 행동과 관련된 생각과 감정까지 헤아려 보며 공감적으로 반영해 주면 가장 효과적입니다.

"어제보다 더 말을 많이 하는 것 같아. 그 이야기가 정말 하고 싶은가 보다."

"오늘따라 말이 더 빨라서 잘 못 알아듣겠어. 너무 재미있어서 많이 말해 주고 싶은가 보다."

"엄마도 하고 싶은 얘기가 있었는데, 네가 너무 얘기하고 싶어서 엄마 말을 중간에 끊고 계속 이야기하게 되나 보다."

이러한 예시에서 중요한 지점은 주어를 아이로 해서 "네가 이랬나 보다." 하고 표현하는 것입니다. "너 그렇게 하면 친구들이 싫어해. 네 얘기만 하지 말고 조용히 좀 있어 봐."라는 지시나 조언은 아이의 행동에 대한 부모님의 부정적인 판단이 담겨 있습니다. 그러한 지시나 조언을 아이는 부정적으로 느끼기 쉽고 객관적인 내용으로 받아들이기 어렵습니다. 무엇보다 판단하지 않고 의견을 이야기하지 않는 것이 중요합니다. 우리가 거울을 볼 때 거울이 말을 하며 자신의 의견을 이야기하진 않으니까요. 거울처럼 중립적으로 비춰 줄 수 있을 때 아이의 자기 인식, 자기 객관화를 가장 효과적으로 도울 수 있습니다.

생각 전환 연습:
고집이 세고, 융통성이 없는 아이

"자기 말만 하는 것도 그렇지만, 어찌나 고집이 센지 바꾸기가 참 힘들어요. 같이 게임할 때도 자기 원하는 방식대로만 하려고 해서 다른 애들이 싫어할 것 같아요. 자기 맘에 안 들어도 친구한테 맞춰 줄 수 있어야 하잖아요. 어떤 때는 규칙에도 너무 엄격해서 융통성 있게 넘어갈 수 있는 상황인데도 친구한테 자꾸 지적하는 거예요. 지적을 불편해하는 친구가 선생님께 이르기도 하고, 담임선생님도 걱정하시더라고요. 이것도 ADHD 때문인가요?"

ADHD 뇌의 핵심 특징은 조절 및 실행의 어려움인데, 여기에 주의 전환의 어려움도 함께 있다는 것을 기억해 주세요. 특정 생각이나 행동에서 다른 생각이나 행동으로 전환하기 위해서는 주의를 옮겨야 하는데, ADHD 아이는 주의 조절과 전환이 어렵습니다. 어떤 생각에 꽂히면 다른 생각으로 바꾸는 데 시간이 많이 필요합니다. 주의 초점도 좁은 편이어서 다른 대안적 생각을 떠올리기도 쉽지 않습니다. 나뭇가지 하나에 열중한 나머지 다른 나무나 숲 전체는 보이지 않는 것과 같습니다. 그래서 자기 말만 반복하고 주장을 굽히지 않아 고집이 세고 완고한 인상을 줄 수 있습니다.

비슷한 맥락에서 어떤 아이들은 규칙을 너무 잘 지키려고 하면서 선생님처럼 다른 아이들을 지적하기도 하는데요. 규칙을 더 좁게 자의적으로 해석하기도 하고, 상황에 따라 유연하게 적용될 수 있다는 것을 이해하기 어려워할 수도 있습니다. 좁은 주의 초점과 전환의 어려움이 상황에 따라 유연하게 대응하고 적응하는 능력, 즉 융통성을 떨어뜨립니다. 과도하게 지적을 하다 보면 같은 반 친구들이 불편해하거나 마찰이 생기기도 하지요. 이는 대인관계 뿐 아니라 도덕적 기준에도 적용되어 성장하면서 자신에게 너무 엄격하거나 가혹한 윤리 기준을 가지게 되기도 합니다.

✤ 자기 인식을 도우면서 적절한 질문을 하기

고집이 세고 융통성이 부족한 아이를 어떻게 도와줄 수 있을까요? 여러 번 조언해도 아이가 잘 변하지 않다 보니, 단단히 혼을 내서 고집을 꺾어 주어야 한다고 말씀하는 부모님들도 있습니다. 좋게 얘기할 때는 전혀 변화가 없다가, 무섭게 혼내니까 고집을 안 피우더라는 말씀을 자주 하지요. 그러나 그것은 진정으로 납득한 것이 아니라 무서움에 일시적으로 행동이 억눌렸을 뿐입니다. 적절한 소통과 감정의 해소 없이 부정적 경험이 누적되는 경우 부모 자녀 관계가 더욱 어려워지는 후유증이 생길 수 있습니다. 아이가 자라면 자랄수록 무섭게 억제하는 방법은 효과가 떨어집니다.

앞서 강조했던 것처럼 변화를 위해서는 무엇보다 자기 인식을 돕는 것이 첫 번째입니다. 공감적 반영이 중요한 이유는 우리가 힘든 감정 상태에 있을수록 주의 초점은 더욱 좁아져 조절과 전환이 더욱 어렵기 때문입니다. 억울해하며 화내고 울고 있는 아이에게 거울을 한 번 비춰 준다고 해서 아이가 자신의 모습을 금방 인식하고, 감정을 추스르고, 생각을 바꿀 수는 없습니다. 아이의 생각과 감정을 헤아리려고 노력하면서 곁에 함께 있어 주고 기다려 주세요. 공감을 통해서 힘든 마음이 해소되고 나서야 조금 더 거울에 비친 자신의 모습을 잘 볼 수 있습니다. 꼭 크게 화나거나 울고 있는 상황이 아니더라도 모든 상황에서 공감적으로 반영해 줄수록 자기 인식을 더 효과적으로 도울 수 있지요.

어느 정도 거울을 볼 수 있는 것 같다면 그때가 바로 적절한 질문이 필요한 시기입니다. 아이가 미처 생각하지 못했던, 유연하게 대응할 방법이나 대안적 사고를 생각해 보도록 도와주는 것입니다. 공감적인 훈육에서 강조했던 '어떻게 하면 좋을까?'라는 질문은 이때도 유용합니다. 아이가 대안을 떠올리기 너무 어려워하며 대답을 못 하거나, 상황에 따라 교육을 해 주고 넘어가야 할 때도 있습니다. 그럴 때도 지시나 조언의 형태가 아닌, "이렇게 해 볼 수도 있겠다. 저렇게 해 보면 어떨까?"처럼 질문이나 의견 제시 정도로 알려 주면 좋습니다. (☞100쪽 '사고와 감정을 확장해 주는 질문'도 참고해 주세요.) 적절한 질문이나 의견을 주고 잘 기다려 줄수록 아이는 조금 더 생각해 보고, 스스로 깨달으며 해결해 보려고 합니다. 부모의 말을 잘 듣고 대화를 함께 해 줘 고맙다고 말해 주세요. 생각하고 노력하는 것에 대한 격려와 칭찬도 꼭 덧붙여 주시고요.

소통력 연습:
자기중심적이고 공감을 못 하는 아이

"자기 말만 하고, 고집도 세고, 거기다 충동적이기까지 해서 자주 싸우니 이렇다 할 친한 친구가 없어요. 어릴 때는 조금 친해지려는 모습이 있었는데, 이제는 친구가 싫다고 더 안 어울리는 것 같아서 걱정이에요. 얘도 외로울 것 같은데 자기는 괜찮대요. 문제는 지금도 계속 친구들과 틈만 나면 싸운다는 거예요. 집에서 동생이랑도 그런데 학교라고 안 그러겠어요. 동생이랑 싸울 때 보면, 어찌나 자기중심적인지 내 아이지만 무서울 때도 있어요. 저한테도 심한 말을 하면 상처받기도 해요. 동생이나 제 마음을 공감할 수 있으면 그렇게 말하지 않겠죠. 이러다가 커서 공감 능력이 없는 무서운 사람이 되면 어떡하죠?"

주의 초점이 좁고, 전환이 어렵고, 유연하게 여러 생각을 떠올리기 어렵다 보니 ADHD 아이들은 자기중심적인 생각과 행동을 많이 할 수 있습니다. 또한 타인의 표정을 인식하거나 정서를 지각하고 파악하는 데에도 어려움이 있는 편인데요. 이러한 특징들이 모두 공감 능력 부족으로도 연결됩니다.

집이나 학교에서 부정적인 관계 경험이 누적될수록 아이는 자존감이 낮아지고 부정적인 자기 상 self-image을 가지게 될 수 있습니다. 우울하고 불안해지거나 품행 문제나 반사회적 행동까지 이어질 수도 있지요. 관계에 있어 어려움이 커질수록 부모도 아이와의 대화가 힘들어집니다. 때로 아이가 무서워져서 소통을 회피하고 대화가 단절되는 심각한 수준이 되어서야 병원을 찾기도 합니다.

✦ 다른 사람의 마음의 집에 놀러 갈 수 있게 도와주기

앞서 공감은 타인의 마음을 헤아리고, 수용하며, 적절히 반응하는 인지적 과정임을 강조했습니다. 즉 공감을 위해서는 타인의 감정에 대한 정서적 이해뿐 아니라 상대방의 관점을 수용하는 능력도 필요합니다. 다른 사람의 관점이 자신과 다르다는 것을 인지할 수 있으려면 무엇보다 먼저 자신의 관점에서 벗어날 수 있어야 합니다. 이를 집으로 비유해 보겠습니다. 내 마음의 집에만 갇혀 있으면 다른 사람의 마음에 집이 있는 것을 모를 수 있지요. 내 집에서 나가서 시선을 돌려 타인과 세상을 볼 수 있어야 '어, 다른 집도 있네.'라고 알게 됩니다. 나아가 다른 집에 놀러도 가 보고 자신의 집에는 없는 것을 보고 듣고 경험하면서 '아, 이런 것들이 다르구나.'라는 것도 느낄 수 있습니다. 그렇게 기분 좋은 외출을 마치고 다시 자기 마음의 집으로 돌아오는 길에는 내 집이 밖에서는 어떻게 생겼는지 볼 수도 있지요.

이렇게 놀러 다니는 경험이 쌓이다 보면 자연스레 타인의 관점이 자신과는 다르기도 하다는 것을 인지하고 수용할 수 있습니다. 또 외부에서 자기 마음의 집을 자주 볼수록 자신을 객관적으로 볼 수 있는 능력이 커집니다. 내가 어떤 생각과 감정 상태에 있는지 알아차리는 능력인 메타인지의 향상과도 같은 의미입니다. 그럼 어떻게 마음의 집에 놀러 가는 것을 도와줄까요? 다른 아이의 부모님과 연락해서 서로의 집에 초대하고 놀러 갈 수는 있지만, 도대체 마음의 집은 아이가 어떻게 갈 수 있을까요?

✤ 든든한 친구이자 동반자는 바로 부모

아이가 가장 쉽게 놀러 갈 수 있는 친구 집은 어딜까요? 바로 부모 마음입니다. 언제든지 초대할 수 있고, 호기심을 유발할 수도 있지요. 물론 아이가 아직 많이 어릴 때는 먼저 아이가 자신의 마음의 집을 짓는 것을 돕습니다. 앞서 이야기한 자기 인식을 돕는 공감적 반영이 마음의 집을 짓는 기초가 됩니다. 아이의 마음의 집이 어느 정도 완성되면 자연스레 바깥 세상과 다른 집이 궁금해집니다. 그렇지 않은 경우에도 부모의 마음 이야기를 들려주어 아이에게 다른 마음이 있다는 것을 알려 주고 궁금하게 할 수 있지요.

이어서 아이를 내 마음의 집에 초대해 기분 좋게 둘러볼 수 있도록 안내합니다. '이런 생각도 있고, 저런 감정도 있고…….' 하며 아이가 경험하지 못했던 많은 것들을 보여 주기도 합니다. 부모님이 자연스럽게 자신의 마음을 내보이는 것, 특히 감정을 표현하는 것은 아이의 자기 인식을 돕고 타인과의 연결을 촉진하는 데 큰 도움이 됩니다. 다만 아이에게 너무 부담을 주는 방식은 아니어야 합니다.

부모가 자신의 감정을 솔직하게 표현하는 것은 좋지만, 그렇다고 해서 지나치게 극단적이거나 아이의 수준에 맞지 않는 방식으로 감정을 드러내는 것은 피해야 합니다. 예를 들어 "나 진짜 너무 열받아서 회사 때려치고 싶었잖아.", "너네 아빠랑 싸웠는데 진짜 너무 싫더라. 너도 아빠 그런 모습이 싫지 않니?"와 같은 표현은 건강하고 성숙한 감정 표현이라기보다는 감정의 배설에 가깝습니다. 아이와의 관계에서 부모가 느끼는 감정을 전달할 때에도 마찬가지입니다. "넌 어쩜 이렇게 이기적이니? 너랑은 같이 게임하기 싫어.", "넌 정말 제멋대로구나. 너랑 이야기하다 보면 너무 짜증나고 답답해."라고 화를 터뜨린다면, 이것은 아이에게 감정을 나누자는 적절한 초대가 되기 어렵습니다.

반대로, "네가 게임에서 자꾸 규칙을 바꾸니까 엄마는 이길 수가 없어서 속상해.", "우리가 함께 정한 규칙을 네가 대수롭지 않게 여기는 것 같아서 마음이 아팠어."와 같이 부모의 부정적인 감정도 아이가 받아들일 수 있는 수준으로 조율해 전달할 수 있습니다. 부정적인 감정을 표현하는 것 자체는 얼마든지 가능합니다. 다만 아이가 이해할 수 있는 방식과 언어로 조절해 들려주는 것이 중요합니다. 부정적인 감정을 날 것 그대로 표현하면 부모 마음의 집에 불이 난 것과 같습니다. 아이는 집에 불이 난 것을 볼 수 있지만 정작 집 안에 들어갈 수는 없습니다. 불이 크게 날수록 무서워 도망칠 수도 있고 계속 불이 나 있다면 더는 놀러 가려고 하지 않겠지요. 자신 때문에 불이 났다고 생각하며 자책하거나, 나를 힘들게 한 부모를 원망할 수도 있습니다.

"사실은 내가 불안해서 지나치게 화가 났던 것 같아. 걱정하는 마음이 너무 커서 그랬어. 네가 상처받았을까 봐 마음이 많이 쓰인다. 네 마음을 힘들게 했다면 미안해."

이와 같은 '나 전달법'은 아이에 대한 판단이나 비난 없이 부모의 마음을 전하는 방법입니다. 이런 방법을 통해 마음의 집이 정돈되어 있고 상대를 초대할 준비가 됐음을 보여 줄 수 있습니다. 불난 집을 볼 때의 두려움과 공포는 사라지고, 불이 꺼진 모습을 보면 조금 안심이 되겠지요.

이러한 예시를 든 이유는 부모 역시 아이의 마음의 집을 살피고, 그곳에 놀러 가고, 나아가 아이를 자신의 집에 초대하기 위해서는 먼저 부모의 마음이 안정되어야 하기 때문입니다. 아이가 억울함과 분노로 흥분해 있거나, 부모가 걱정과 불안에 사로잡혀 있을 때는 마음의 집에 불이 나거나 폭우로 물이 쏟아져 들어와 침수된 것과 같습니다. 그렇게 집에 난리가 나면 불을 끄고 들이친 물을 퍼내느라 다른 사람의 집을 볼 여유조차 없겠지요. 억제 및 자기 조절이 어려운 ADHD 아이들은 쉽게 마음속이 혼란해집니다. 자신의 마음을 객관적으로 보거나, 타인의 마음을 헤아리는 일이 쉽지 않습니다. 이는 부모님이 ADHD 자녀를 공감하기 어려운 데에도 적용해 볼 수 있는데요. 부모가 지시나 충고, 비난의 충동을 내려놓고 자신의 불안과 두려움, 분노를 다스릴 수 있을 때 비로소 아이 마음의 집 앞에 설 수 있습니다. 아이의 마음에 대해 이야기해 주고, 부모의 집으로도 초대하며 공감 어린 소통을 할 수 있습니다.

아이가 부모 마음의 집에 자주 놀러 가면서 자기 마음도 더 잘 가꿀 수 있게 되면 다른 친구들의 마음에 놀러 가는 것도 쉬워집니다. 아이가 오늘 학교에서 친구랑 크게 다투고 왔다고 해 볼게요. 너무 흥분한 나머지 말리는 선생님에게 욕을 해서 선생님께 혼난 후에 집에 와서 억울해하는 상황입니다. 선생님의 전화를 받은 부모는 속이 부글부글 끓습니다. 선생님께 욕을 하다니, 당장이라도 아이를 크게 꾸짖고 혼내서 다시는 이런 일이 없게 해야 한다는 생각이 가득합니다. 그렇지만 이제 공감이 무엇인지 조금 더 알게 되었고, 아이의 마음의 집에 불이 난 것 같으니 교육을 위해 먼저 공감적인 부모가 되기로 합니다. 아이의 마음을 헤아리려고 노력하면서 적극적으로 들어주었더니 어느새 억울함과 화가 풀렸는지 표정이 조금 편안해진 듯합니다(때로 아이의 마음이 정돈되기까지 오랜 시간이 필요할 수도 있어요). '좋아, 그냥 넘어갈 수는 없지.' 하고 꾹 참았던 말을 하기로 합니다. 지시나 조언을 하지 않으려 애쓰며 아이에게 공감해 주면서, 교육을 위한 적절한 질문을 덧붙입니다.

"이제 좀 괜찮니? 많이 힘들었던 것 같은데, 조금 편해진 것 같아서 다행이다. 그런 상황이라니 억울할 만도 해. 얘기를 들으니 그 친구도 말이나 행동이 거칠었던 것 같은데, 싸웠던 친구는 그럼 어떤 마음이었을까?"
"너도 모르게 욕이 나올 정도로 많이 화나고 속상했나 보다. 네 말대로 욕한 게 기억이 잘 안 날 수 있어. 선생님께 혼나서 속상한 마음도 아직 있지. 그럼 욕을 들었던 선생님은 어떤 마음이셨을까?"

이런 질문은 서로 마음의 집에 자주 놀러 가 봤던 부모가 일단 아이 마음의 급한 불을 끄고 난 뒤 아이에게 친구와 선생님의 마음의 집을 가리켜 주는 것과 같습니다. 다른 마음들이 있는 것, 그 집들이 어떻게 보이는지 또 내부는 어떨지 헤아려 볼 수 있게 도와주는 것이지요. 물론 기대와 달리 아이는 부모가 가리키는 마음을 보지 못하고 여전히 억울해하고 화를 낼 수 있습니다. 그렇다면 아직 아이 마음에 불이 나 있는 것입니다. 다시 공감적인 반영을 충분히 해 주면서 먼저 불을 같이 꺼야겠지요. 불이 꺼지고 나면 다시 타인의 마음의 집으로 아이의 시선을 돌려 봅니다. 이렇게 부모의 안내와 격려를 받아 다른 사람의 마음의 집에 자주 놀러 가 본 아이는 공감 능력과 사회성을 잘 키워 가며 자랄 수 있습니다. 무엇보다 자신의 마음의 집이 튼튼한 사람, 웬만한 비바람에도 편안히 쉴 안식처가 있는 사람으로 성장해 갈 거예요. 그것이 부모가 아이에게 주는 가장 큰 선물일지도 모르겠습니다.

✦ 내 마음을 먼저 돌보기

아이의 사회성과 공감 능력을 키우는 데 가장 중요한 것은 아이를 많이 공감해 주는 것인데요. 앞서도 언급한 것처럼 공감적 반영을 잘 해 주려면 먼저 부모의 감정이 잘 다스려진 상태여야 합니다. 표면이 울퉁불퉁한 거울이나 잔잔하지 못한 수면에는 자신의 모습이 잘 보이지 않는 것과 같습니다. 이럴 때 마음챙김mindfulness과 같은 방법이 도움이 됩니다. 마음챙김은 생각을 멈추고 지금 여기에 존재하며 '관찰'하는 것입니다. 평정심을 잘 유지할수록 아이의 감정을 살피는 것이 수월해집니다.(☞마음챙김은 14장에서 구체적으로 다루겠습니다.)

또 공감하고자 아이의 여러 마음을 인정하고 수용하는 단계에서는 '그럴 수 있지.'라는 태도가 유용합니다. 공감이 어려울 때 '그래, 그럴 수 있지, 그럴 수도 있겠다.'를 주문처럼 말해 보세요. 아이에게 수용적인 태도를 유지하는 데 가장 도움이 됩니다.

중요한 방법이 한 가지 더 있습니다. 바로 나 자신, 부모 마음에 대해서도 그럴 수 있다는 인정과 수용을 해 주세요. 나도 모르게 아이에게 화를 내거나 심한 말을 했다고 생각하며 자책하는 부모님들이 많습니다. 아이도 조절이 어렵지만 부모도 감정과 생각, 행동 조절이 어려울 수 있습니다. 나 자신을 먼저 너그럽게 대하고 나의 생각과 감정들을 수용하며 스스로 잘 돌봐 주세요. 그러다 보면 아이를 있는 그대로 인정하고, 수용하며, 존중해 주는 것도 더 편하게 할 수 있습니다.

아이의 사회성을 키우기 위해서는 공감받는 경험을 많이 제공해 줄수록 좋습니다. 공감적으로 아이를 잘 비춰 주기 위해서는 무엇보다 먼저 부모인 내 마음을 잘 돌봐 주세요.

13

속도가 다른 아이를 위한 맞춤형 환경 만들기

　도무지 정리되지 않는 아이의 방처럼 우리 아이의 뇌도 정돈이 어려울 수 있다는 사실, 알고 계셨나요? 지금부터는 아이의 복잡한 뇌를 정돈하기 위해 왜 아이 주변 환경을 조성하는 것이 중요한지 살펴보고, ADHD 아이에게 맞는 생활 습관을 만드는 방법을 살펴보려 합니다.

구조화 연습: 계획하고 행동하기 어려운 아이

요즘은 TV나 유튜브, SNS에서도 ADHD라는 용어를 자주 접해서인지 진료실을 찾는 부모님 중에는 "학교생활은 그럭저럭 잘하는데, 우리 아이도 ADHD일까요?"라고 먼저 질문하는 경우가 많습니다. 아이에게 어떤 점이 걱정되시는지 여쭤보면, 많은 부모님이 비슷한 이야기를 하곤 합니다.

"30분이면 끝낼 학교 숙제를 2시간씩 붙들고 있어요."
"자기 방 정리는 전혀 못 해요. 벗어 놓은 옷들이 방바닥에 쌓여 있어요."
"아침마다 양치하고 옷 갈아입고 등교 준비하는 게 전쟁이에요."

반복되는 훈계 속에 아이와 부모 모두 지치고, 마음의 거리는 조금씩 멀어진 경우도 보곤 합니다. 그리고 결국 조심스럽게 물으십니다.

"정말 이게 ADHD인 걸까요? 도대체 왜 이러는 걸까요?"

✤ 문제는 '구조화의 어려움'에 있다

물론 앞서 언급한 모습이 있다고 해서 무조건 ADHD 진단이 내려지는 것은 아니기 때문에 정말 ADHD가 맞는지에 대한 대답을 바로 드리긴 어렵습니다. 하지만 아이들 모습에는 한 가지 공통점이 있습니다. 바로 '실행 기능', 그중에서도 '구조화의 어려움'이 있다는 것입니다. 여기서 실행 기능이란 목표가 있는 행동에 필요한 고위 인지 과정으로 전략과 과제에 대한 이해, 계획하기, 노력 유지하기, 자기 점검하기 등이 포함됩니다. 예를 들어 '숙제를 한다.'라는 짧은 말 안에 수많은 실행 단계가 있습니다.

방학 숙제를 한다.

숙제를 이해하고 기억하기 → 어떤 숙제부터 할지 우선순위 정하기 → 언제 수행할지 순서를 정하고 계획하기 → 자기 조절을 통해 계획대로 하고자 노력하기 → 숙제 진행 과정을 스스로 점검하고 마무리하기

이처럼 어떤 과제를 해내기 위해 아이가 움직이고 생각하고 판단하는 모든 과정이 실행 기능에 속합니다. '구조화'는 이러한 실행 기능 중에서도 우리가 해야 할 일의 우선순위를 정하고 차례대로 실행할 수 있도록 계획하고 관리하는 능력을 의미합니다. 더 구체적으로는 시간과 공간을 효율적으로 정리하고 관리하는 능력이라

고 할 수 있습니다. 아주 간단해 보이는 자기 전 준비조차도 잠옷으로 갈아입고, 갈아입은 옷은 빨래통에 집어넣은 뒤 양치하러 화장실로 이동하고, 양치 후에 방으로 들어가는 순서가 필요한 것이죠. 이 과정이 아이들에게는 여러 단계에 걸친 미로 같습니다. 특히 구조화의 어려움을 겪고 있는 아이들은 이렇게나 복잡한 일들이 한꺼번에 밀려오니 막막해서 시작조차 못 하고 마냥 미루다 자꾸만 혼나게 되는 악순환에 빠지는 경우가 많습니다.

여기까지 설명하면 몇몇 부모님들은 "아이가 게을러서 그런 거죠. 어렵다는 말은 핑계 같아요."라고 하소연을 하거나 약을 먹어서 좋아지는 거면 빨리 처방해 달라고 조급해하기도 합니다. 오랜 시간 아이가 놓친 것들을 챙기고, 이끌고, 보살펴 오느라 너무나 애썼기에 그런 마음도 충분히 이해가 됩니다. 하지만 아이들이 스스로 행동을 계획하고 실행하는 능력을 키우기 위해서는 '게을러서'가 아니라 '구조화의 어려움으로 인해 막막한 것'이라는 관점으로 아이의 상황을 이해하는 것이 중요합니다. 그리고 '아이가 바뀌어야 한다.'에서 '아이의 주변 환경을 구조화하여 아이를 도와주자.'로 이어져야 합니다. 즉 아이 스스로 구조화하는 게 어렵다면 조금 더 명료한 방식으로 시간과 공간을 구성해 아이가 혼자서도 조금씩 성공 경험을 쌓아 가게 하는 것이죠. 더 쉽게 말하자면 "알아서 빨리 해!"가 아니라 구체적인 틀과 가이드를 제시해 주는 것이 바로 구조화입니다.

자율성 연습: 행동의 이정표를 만들어 주세요

여기서 중요한 점이 하나 있습니다. 바로 부모님이 도와주어야 하는 '환경의 구조화'가 완벽한 통제나 엄격한 기준은 아니라는 것입니다. 부모님의 역할은 아이가 스스로 움직이기 쉽게 이정표를 세워 주는 일입니다. 다음의 예시와 같이 이정표를 세워 주는 것은 얼핏 보면 통제처럼 보이지만 그 성질은 매우 다릅니다. 두 아이의 사례를 먼저 보겠습니다.

민서의 사례

민서 엄마는 늦지 않고 미리 준비하는 습관을 민서에게 길러 주고 싶어 합니다. 그래서 전날 민서가 잠들면 책가방을 챙겨 두고 아침 7시가 되면 민서를 깨운 뒤 양치하고 옷 입고 밥을 먹으라고 재촉합니다. 하교 후에는 숙제를 미루지 않기 위해서 하교 직후 2시간을 숙제 시간으로 정해 놓았습니다. 그리고 민서는 엄마가 체크해 둔 과목 별 하루 분량의 숙제들을 순서대로 하고, 엄마는 틀린 문제들은 바로 확인할 수 있도록 옆에서 체크해 주곤 합니다.

수진이의 사례

수진이 엄마 또한 수진이에게 시간과 과제를 관리하는 방법을 알려 주고 싶어 합니다. 그러나 구조화가 어려운 수진이는 준비물이나 숙제를 잊어버리기 일 쑤였고, 등교 준비도 쉽지 않았습니다. 수진이와 수진이 엄마는 상의 후에 메모장과 시간표를 사용해 보기로 하였습니다. 해야 할 일이나 챙겨야 할 것에 대한 메모를 매일 하고, 아침과 하교 후 그리고 자기 전에 한 번씩 점검을 해 보기로 한 것입니다. 또한 등교 준비를 포함하여 세부적인 하루 생활 계획표를 짜서 따라해 보기로 했습니다.

어떤가요? 어쩌면 지금 당장은 민서가 더 등교 시간을 잘 지키고 숙제를 잘 챙겨 갈지 모릅니다. 반대로 수진이는 아직 서툴러 숙제를 잊어버리는 일이 더 많을지도 모르겠습니다. 그러나 결국 삶을 살아가는 사람은 바로 아이 자신입니다. 틀을 만들어 주는 가장 큰 목표는 아이가 외부의 틀을 통해 구조화하는 방법을 익히고, 결국 스스로 이루고자 하는 것을 이룰 수 있도록 돕는 데 있습니다. 완벽한 환경 통제로 아이를 끌고 나간다면 나중에 자율성이 필요한 시기에 아이는 오히려 불안하거나 우울해질 수 있습니다. 엉성해도 괜찮습니다. 또한 부모님도 사실은 정리하고 계획하는 것이 어렵다 하여도 괜찮습니다. 티끌 하나 없는 방이 아니라 조금 너저분하고 엉성해도 물건마다 정해진 자리가 있고 사용 후에 제자리에 놓을 수 있다면 충분합니다. 아이를 믿어 주되 도와주세요. 우리 아이들은 조금의 도움만으로도 무한한 가능성을 펼칠 수 있습니다.

ADHD 아이를 위한 다섯 가지 공간 관리법

역설적이게도 저는 정말 정리를 못 하는 사람 중 한 명입니다. 어렸을 때부터 마음먹고 서랍 정리를 해도 이틀이면 뒤죽박죽이 되었고, 지금도 집, 병원 진료실 모두 깔끔함과는 거리가 멉니다. 하지만 신기하게도 저는 뒤죽박죽이 된 방에서 바로 필요한 물건을 찾아내고, 가까운 사람들이 아니면 제가 정리를 못 하는 줄 모릅니다. 어쩌면 저는 최소한의 공간 관리를 하고 있는지도 모르겠습니다. 하지만 ADHD 아이들은 정말 말 그대로 모든 물건이 뒤섞인 채로 정리가 안 되는 경우가 많습니다. 애초에 물건의 정해진 위치가 없는 경우도 있고, 아니면 정해진 위치가 있더라도 사용한 뒤 제자리에 두는 것을 잊어버리곤 합니다. 제자리에 두기 전에 다른 행동으로 주의가 이동해서일 수도 있고, 사용 후 제자리에 놔야겠다는 생각이 머릿속에서 떠오르지 않아서일 수도 있습니다. 어떤 아이들은 물건의 양에 압도되어 버릴 것과 놔둘 것을 구분하지 못하고 책상 위에 과자 봉지, 구겨진 유인물, 필기구 등이 뒤섞여 있기도 합니다. 정리 시간을 계속 미루기만 하다가 몇 달째 엉망인 상태로 방을 방치하기도 합니다. 이유가 어찌 되었든 마음을 먹고 대청소를 해 주어도 며칠이면 다시 원상복구가 되고 마니 부모님은 화가 나고 답답할 수밖에 없습니다. 그렇다면 ADHD 아이들을 위한 공간 관리 방법에는 어떤 것이 있을까요?

✚ 첫 번째 팁: 물건 최소화하기

물건 개수를 줄이는 일은 공간을 깔끔하게 만드는 데서 그치지 않고 심리적으로도 안정감을 안겨 줍니다. ADHD 아이들은 눈에 보이는 자극에 쉽게 주의가 끌리기 때문에 방 안에 물건이 많은 것 자체가 주의 분산의 원인이 될 수 있습니다. 물건을 정리하려고 해도 다른 물건으로 주의가 옮겨 가며 내가 뭘 하려고 했는지 잊는 것이죠. 따라서 물건이 줄어든다는 것은 환경의 단순화로 아이가 공간을 정리하고 관리하기 쉬워진다는 의미입니다. 반대로 물건이 너무 많다는 것은 결국 제자리를 찾고 정리해야 할 것들이 많다는 의미로, 그 자체로 아이는 '어디서부터 정리해야 하지?'라는 부담감에 압도되어 정리할 엄두도 못 낼 수 있습니다. 지금 아이의 방을 한번 둘러보세요. 아이가 매일 혹은 자주 사용하는 물건이 몇 개나 있나요? 몇 년 동안 손도 대지 않았던 장난감이나 책이 쌓여 있거나 이미 작아진 옷들이 옷장 안에 있지는 않은가요? 아이와 함께 "이 물건이 없으면 불편할까?"라는 기준으로 물건을 분류해 보세요. 그리고 부모님과 아이가 함께 상의하여 꼭 필요한 물건만 남겨 보세요. 그것만으로도 아이는 자신의 공간을 한번 책임져 볼 수 있겠다는 자신감을 가지게 될 것입니다.

✤ 두 번째 팁: 제자리 정하기

한 예능 프로에서 연예인이 "어린 시절부터 엄마에게 직접 영어 조기교육을 받았다. '원위치, 원위치'라는 말을 수도 없이 들었다."라고 하는 장면을 보고 박장대소했던 기억이 있습니다. '원래의 위치, 제자리를 갖게 하는 것.' 공간 관리의 두 번째 팁입니다. 특히 매일 사용하는 지갑, 필통, 충전기 같은 물건은 그 물건이 돌아갈 위치를 만드는 것이 중요합니다. 그리고 다른 식구들 또한 약속을 지켜야 합니다.

예를 들어 8살 윤우네 가족 현관문 열쇠는 무조건 현관 신발장 위에 놓인 트레이에 두고 들어가기로 하였습니다. 또한 용돈을 받는 윤우를 포함해 어른들도 동전이 남으면 거실 서랍장 맨 아래 칸의 작은 통에만 넣기로 했습니다. 이 두 가지의 단순한 습관이 잡히기까지 시간이 걸렸지만, 언젠가부터 현관문 열쇠가 없어서 윤우가 온 집을 뒤지는 일이 줄어들었고 동전이 여기저기서 굴러다니는 일도 사라졌습니다. 이렇게 물건의 자리가 확실히 정해지면 사용 후에 그것이 어디에 있었는지, 어디에 가져다 놔야 하는지 기억하고 판단해야 할 부담이 줄어듭니다. 또한 이러한 반복적인 습관은 ADHD 아이가 취약한 실행 기능을 보완하는 데 도움이 됩니다.

✚ 세 번째 팁: 시각화하기

아이들의 복잡한 머릿속을 정리해 주는 가장 좋은 방법은 눈앞에 보여 주는 것입니다. 다른 말로는 시각화라고도 하지요. 매일 매일 알려 주는데도 물건 정리를 하지 않아 혼냈더니 "나는 정말 기억이 안 났어."라는 억울한 변명이 돌아오고, 결국 또다시 버럭 했던 적 있나요? 기억이 안 난다는 것이 핑계도 아니고 당당하게 말하는 것을 보고 기가 찼던 적은요? 놀랍게도 ADHD 아이들은 작업기억력(정보를 일시적으로 저장하고 처리하는 제한된 용량 시스템)이 낮은 경우가 많아 누군가에게는 간단하고 당연한 규칙들을 쉽게 잊어버리곤 합니다. 이런 아이들을 쉽게 도와줄 방법이 바로 시각화입니다. 꼭 기억해 두어야 하는 규칙은 보이는 장소에 반복적으로 큼지막한 글씨로 적어 두는 것이죠. 정리도 마찬가지입니다. 물건들을 성질이 비슷한 것끼리, 혹은 비슷한 쓰임새가 있는 물건끼리 분류하여 각각의 정리함에 담고 큼지막하게 이름을 써서 붙여 주세요. 한눈에 정리함 이름이 보이는 것만으로도 아이들은 어디가 물건의 제자리인지 다시 한번 스스로 생각해 보고 정리해 낼 수 있습니다.

✛ 네 번째 팁: 온 가족이 함께 정리하는 날 만들기

네 번째 팁은 가족이 다 같이 정리하는 루틴을 정하는 것입니다. 예를 들면 일요일 오후 1시에 온 가족이 각자의 방을 정리하는 시간을 갖는 거죠. 알람을 설정해 놔도 좋습니다. 알람이 울리는 순간 모두 다 같이 정리하는 우리 가족의 규칙을 만들어 보는 것입니다. 정리해야 한다는 것을 알면서도 '나중에 해야지, 조금만 있다가 해야지.' 하며 미루는 것 또한 ADHD 아이들의 특성입니다. 미루는 이유는 공간에 대한 구조화가 어려워서, 정리가 막막해서도 있지만, 언제 시간을 내서 정리를 해야 할지, 시간을 얼마나 할애해야 할지 시간에 대한 구조화가 어려워서이기도 합니다. 이때 정해진 시간에 정해진 공간만 정리하는 루틴이 있으면 '언제, 어디를, 몇 시간 동안' 고민하는 과정이 사라지고 좀 더 쉽게 정리를 시작할 수 있습니다.

만약 아이가 방 정리를 막막해한다면 작은 영역부터 시작하도록 도와주세요. 오늘은 책상 정리하는 날, 아니, 더 작은 영역인 책상의 맨 위 서랍을 정리하는 날로 정해 보는 것이죠. 작은 단계로 나누어 지시하는 것 또한 한 가지 팁입니다. 매일 일정한 시간에,

조금씩 단계별로 정리를 시작하다 보면 어느새 정리 방법들이 쌓여 가기 시작할 거예요.

✥ 다섯 번째 팁: 작은 정리도 칭찬하기

마지막 팁은 부모님 눈에는 간단해 보이는 뒷정리라도 아이가 스스로 하는 모습을 놓치지 말고 칭찬해 주는 것입니다. 예를 들면 옷을 갈아입은 뒤 빨래통에 옷 가져다 놓기, 물 마신 뒤 싱크대에 컵 가져다 놓기, 연필을 쓴 뒤 연필통에 꽂아 두기 등의 아주 당연한 일들을 칭찬하는 거지요. 아이가 해야 할 뒷정리를 기억해 내고 실행까지 옮긴 것을 기특해하고 칭찬해 주면 아이는 그 이상의 것을 해낼 수 있습니다. 잠깐 칭찬에 대해 덧붙이자면, 칭찬은 마음에서 우러나올 때 비로소 힘을 가집니다. 또한 아이의 모든 행동에 칭찬하는 것이 아니라 아이가 무언가를 실제로 노력하여 의미 있는 변화를 보인 순간에 대해 구체적으로 언급할 때 효과 있는 칭찬이

ADHD 아이를 위한 공간 관리 체크리스트
- ☑ 물건을 줄여 주세요.
- ☑ 물건마다 제자리를 정해 주세요.
- ☑ 시각화를 위해 정리함, 서랍 등에 라벨지를 붙입니다.
- ☑ 정리 루틴을 만들어 주세요.
- ☑ 개선된 부분을 칭찬합니다.

됩니다. 완벽한 순간이 아닌 개선된 순간을 포착하세요.

ADHD 아이를 위한 세 가지 시간 관리법

13살 정민이는 어릴 때부터 가만히 앉아 있지 못하고 숙제나 준비물을 자주 잊어버렸습니다. 하지만 유머러스하고 따뜻한 품성을 가지고 있어 친구들 사이에서는 언제나 인기가 넘쳤습니다. 학교에서도 산만하고 장난기가 많다는 이야기를 듣긴 하였지만 큰 문제를 일으킨 적은 없습니다. 그런데 정민이 엄마가 복직하면서부터 문제가 나타났습니다. 정민이가 초등학교 6학년이 되면서 스스로 아침에 일어나 혼자 학교를 가 보기로 약속했는데, 막상 엄마가 출근하고 혼자 출근하게 되자 날마다 지각을 하게 된 것이죠. 정민이는 늦잠을 자는 것은 아니었으나 침대에서 휴대폰 게임을 하며 등교 준비를 계속 미루기 일쑤였고, 미루다 보면 어느새 등교 시간 5분 전이 되어 버리곤 하였습니다. 지각이 반복되는 이유를 묻자, 정민이는 저에게 이렇게 말했습니다.

"저도 왜 이런 일이 생기는지 모르겠어요. 10분만 해야지 하고 시작하는데 시간이 저도 모르게 다 지나가 버려요."

시간 관리는 자신의 활동에 얼마나 시간을 쏠지 계획하고 조정하는 과정이기 때문에, 실행 기능이 부족한 아이들에게 시간 관리가 어려운 것은 어쩌면 당연한 일입니다. 그런데 ADHD 아이들이 시간을 관리하는 능력뿐 아니라 시간을 인지하는 것 자체에도 어려움이 있어 시간 지각과 관련된 증상을 진단 기준에 포함해야 한다고 언급하는 연구들이 있습니다. 여기서 '시간 지각time perception'이라는 것은 시계를 볼 수 있는 능력이 아니라 시간의 흐름을 스스로 느끼고 내면의 시계에 따라 일상을 조율하는 능력을 말합니다. ADHD 아이들과 아닌 아이들에게 특정 과제를 시키고 과제를 마친 후 얼마나 시간이 걸렸는지 예측하게 하는 연구를 진행했습니다. 그 결과 ADHD 아이들이 예측한 시간과 실제 소요된 시간의 차이가 더 큰 것으로 나타났습니다.[10] 이는 어떤 일을 완료하는 데 걸릴 시간을 예상하고 계획을 세우는 능력과 인내심에 직접적인 영향을 미칩니다. 시간이 많이 남았다고 생각해 할 일을 미루기도 하고, 반대로 지루한 상황에서는 시간을 과소 추정해 기다리기 어렵고 자꾸만 시계만 쳐다보게 되는 것이죠. 한 연구에서는 아이들에게 만화 시청을 하며 2분마다 버튼을 누르게 하였는데, ADHD 아이들은 ADHD가 아닌 아이들에 비해 정확도도 낮았고, 시간을 전략적으로 확인하는 행동 또한 더 적게 나타났습니다.[11] 미래의 특정 시점에 해야 할 일을 기억해 내는 '시간 기반 예정 기억 능력timebased prospective memory' 또한 낮게 나타난 것이죠.

시간 지각이 어렵기 때문에 정민이는 등교 시간이 얼마나 가까이 다가왔는지, 언제 등교 준비를 시작해야 하는지 판단하지 못하고 등교 시점이 임박해야 '왜 이렇게 시간이 다 가버린 거지?'라고 본인도 당황한 것입니다. 그렇다면 우리는 아이들을 어떻게 도와줄 수 있을까요?

✛ 첫 번째 팁: 언제나 시계를 곁에 두기

내면의 시계가 시간을 예측해 내기 어려울 때 가장 쉽고도 간단한 방법은 진짜 시계를 활용하는 것입니다. 휴대폰 시계보다는, 시간의 흐름이 눈에 보이는 아날로그 시계를 추천드립니다.

등교 준비하기, 책가방 챙기기, 잠자기 전 준비하기와 같이 매일 반복되는 일상 루틴은 알람을 설정하여 아이가 생활 리듬을 찾아갈 수 있도록 해 주세요. 아이가 활동의 전환이 어려운 편이라면 5분 전 알람과 같은 전환 알람을 추가할 수도 있습니다. 휴대폰 게임에 시간 가는 줄 모르고 과몰입을 하는 아이도 마찬가지로 알람을 여러 번 설정해 두면 '생각보다 시간이 많이 흘렀네. 그만 해야 되는구나.' 하고 인지할 수 있습니다. 또한 전환 알람 후에는 스크린 타임 차단 기능을 하는 것도 한 방법입니다. 의외로 아이들은 전환 알람이 울리면 마음의 준비를 하고 스크린 타임 차단이 시작되기 전에 스스로 게임을 멈추기도 합니다.

✚ 두 번째 팁: 생활 계획표와 투두 리스트 작성하기

시간을 효율적으로 관리하는 가장 간단한 전략은 계획표를 짜 보는 것입니다. 방학이 되면 만들었던 탐구생활 맨 첫 페이지의 생활 계획표 혹시 기억하시나요? 시계처럼 생긴 동그라미 안에 아침 기상부터 꿈나라까지 촘촘하게 시간 계획표를 짜고 그 아래에는 방학 동안 해야 할 투두 리스트를 적곤 했습니다. 물론 계획표를 아무리 열심히 만들고 꾸몄다 해도 방학 내내 그 일과대로 지내는 아이들은 거의 없습니다. 저 또한 5일만 지나도 늦잠을 자고 어떤 일과는 예상한 시간보다 훨씬 많이 걸려서 그다음 일과들은 뒤로 밀리는 일이 다반사였습니다. 그렇지만 초등학교 6년 내내 시간 예측에 실패해서 계획표가 무용지물이 되는 것을 반복하다 보니, 시험 기간 꼭 필요한 순간에는 투두 리스트와 플래너에 익숙해지고 예상 소요 시간에 대한 감각도 꽤 정확해졌습니다.

생활계획표는 일정들을 시각화해 아이에게 보여 주는 것뿐 아니라 해야 할 일에 필요한 시간을 예측해 보고 실제로는 얼마나 걸렸는지 비교해 보며 시간 지각 능력을 키우는 데에도 직접적인 도움을 줍니다. 투두 리스트를 작성할 때는 중요도가 높은 순서대로 분류하고 마감 기한을 함께 적어 두는 것을 권합니다. 그리고 매일 아침 혹은 하교 후에 계획표와 투두 리스트를 확인하는 습관을 길러 주세요.

✦ 세 번째 팁: 25분 할 일, 5분 쉬는 시간 만들기

아이들이 긴 시간에 압도당하지 않도록 중간 휴식을 일정하게 만들어 주세요. 이러한 시간 관리법을 '포모도로 기술'이라고 하는데요. 이 기술은 1980년대에 제안된 것으로 ADHD가 있는 사람들에게 특히 유용한 것으로 알려져 있습니다. 포모도로 기술의 단계는 다음과 같습니다.

포모도로 시간 관리법
❶ 오늘 해야 할 일의 목록을 작성한 후 가장 시급한 과제를 선택합니다.
❷ 타이머를 25분으로 설정합니다.
❸ 타이머가 작동하는 동안 선택한 과제에 집중합니다.
❹ 타이머가 울리면 작업을 멈추고 5~10분 정도 짧은 휴식을 취합니다.
❺ ❷~❹번의 과정 1회를 포모도로라고 합니다. 다시 ❷로 돌아가 추가로 포모도로를 3회 반복합니다.
❻ 총 4회의 포모도로가 끝난 후에는 20~30분 정도의 긴 휴식을 취합니다. 그 뒤 다시 ❷번으로 돌아가 남은 과제를 마무리할 때까지 반복합니다.

포모도로 기술은 할 일을 다 마치고 쉬는 것이 아니라 25분씩 끊어 쉽니다. 공간 관리에서 한 군데씩 짧게 정리를 해 나가는 것과 비슷한 효과가 있다고 보면 됩니다. 막연하게 큰 과제와 긴 시간으로 인식하면 아이는 시작도 하기 전에 회피합니다. 이 상태에서 벗어나 아이가 조금 노력하면 할 수 있는 25분의 단기 목표를 제시해 주세요. 단기 목표는 아이가 해야 할 일을 수월하게 시작하게 해 주고, 조금만 버티면 25분이 지나가기 때문에 중간에 그만두고 싶은 충동을 조절하게 해 줍니다. 또한 아이는 단기 목표를 이루어 낼 때마다 짧은 휴식이라는 보상과 함께 성취감을 느낍니다. 성취감을 누린 아이는 자연스레 동기부여가 됩니다. 포모도로 기술은 구조화된 시간 단위를 경험하는 것이기 때문에 앞서 설명한 시간 지각의 향상에도 도움이 될 수 있습니다.

다시 정민이 이야기로 돌아가 볼까요? 정민이는 상의 끝에 등교 준비 시간부터는 휴대폰 스크린 타임 제한 설정을 하였습니다. 집에서 나가기 5분 전과 나가야 하는 시간에 알람도 맞춰 두었습니다. 정민이 엄마는 지각이 반복되었을 때에도 정민이를 비난하기보단 어떻게 정민이를 도울지 함께 이야기를 나누었습니다. 정민이도 큰 거부감 없이 엄마와 문제에 대해 대화를 나눴습니다. 그리고 얼마 전 정민이는 진료실에 들어오자마자 아주 가끔 지각하기도 하지만 전처럼 1교시가 끝나서야 학교에 가는 일은 없고, 자신이 꽤 잘 지내고 있다고 자랑을 늘어놓았습니다.

ADHD 아이를 위한 시간 관리 체크리스트
- ☑ 진짜 시계를 눈에 띄게 배치해 주세요.
- ☑ 알람을 적극적으로 활용하세요.
- ☑ 생활 계획표와 투두 리스트를 만들어 보세요.
- ☑ 해야 할 일에 소요되는 시간을 예상해 보고, 우선순위를 정해 보세요.
- ☑ 중간 휴식을 반복하는 포모도로 시간 관리 기술을 적용해 보세요.

과제를 끝까지 해내게 하는 다섯 가지 원칙

지금까지 아이를 위한 공간과 시간 조성을 살펴보았다면, 이제부터는 조성된 환경을 기반으로 하여 실제로 무언가를 실행해 내는 단계로 넘어가려 합니다. ADHD 아이들에게 과제를 스스로 해내는 경험은 성취감을 넘어서 자기효능감과 깊이 관련이 있습니다. 주의력 저하로 병원에 왔지만 "그래도 저는 꼭 해야 할 것은 잘 해내는 편이에요."라고 말하는 아이들이 종종 있습니다. 이러한 자기효능감은 한 인간의 정서적 안정으로 이어지고, ADHD 아이들에게서 정서적 안정감 여부는 장기적으로 정말 중요한 영향을 미치게 됩니다.

그렇다면 과제 수행을 해내려면 어떤 능력이 필요할까요? 꽤나 노력과 시간을 기울여야 하는 과제를 부여받았다고 상상해 보세요. 예를 들면 지금 읽고 있는 이 책을 끝까지 읽고 독서감상문을 작성해 내일까지 제출하지 않으면 수행평가에서 감점이 되는 상황입니다. 그런데 자꾸만 누워서 숏폼 영상을 보고 싶다는 생각이 듭니다. 이때 다음 두 개의 대처 방식이 있다면 어떤 방식을 선택하실 건가요?

- 독서 감상문을 쓰고 나면 달콤한 디저트를 사 먹겠다는 다짐을 하고 과제를 시작한다. 그리고 챕터 세 개를 읽을 때마다 잠깐씩 휴식 시간을 갖기로 한다.
- 우선 잠깐 누워서 쉬기로 하고 숏폼 영상을 보기 시작한다.

여기서 첫 번째 대처 방식을 선택한 분들은 이런 과정을 거쳤을 것입니다. '당장 내일까지의 제출이라니, 하기 싫더라도 해야만 내가 원하는 결과를 얻을 수 있어.' → '하기 싫더라도 집중을 할 수 있는 전략을 사용해 봐야 해.' → '마치고 나면 나의 노력에 대해 작은 보상을 해 주자.'

그리고 우리는 과제를 마쳤을 때 꼭 달콤한 디저트를 먹지 않더라도 뿌듯함을 느끼게 됩니다. 이러한 과정에는 미래에 대한 예측, 만족 지연이라 불리는 즉각적인 만족을 미루는 능력, 실행 기능을 기반으로 한 전략 등이 필요합니다. 하지만 ADHD 아이들은 흥미로운 활동을 하고 싶다는 충동이 과제를 안 하면 부정적인 결과가 올 것이라는 예측을 압도합니다. 결국 과제를 회피하고 싶은 욕구를 억제하지 못합니다. 부정적인 결과에 대해 예측을 하더라도 시작할 엄두를 못 내고 회피하기도 합니다.

이처럼 과제를 해내기 위해서는 단순히 의지만이 아니라 보다 복합적인 기능들을 토대로 한 도구와 전략이 필요합니다. 지금부터는 ADHD 아이들이 과제를 시작하고, 이해하고, 마무리하는 데 도움을 줄 수 있는 구체적인 방법들을 살펴보겠습니다.

✦ 첫 번째 팁: 효과적인 목표 설정하기

제일 우선으로 필요한 것은 목표 설정입니다. 목표 설정은 즉각적인 만족을 미루고 지연된 만족을 기다릴 수 있는 자기 조절의 매우 중요한 요소입니다. 목표 설정은 우리가 어떤 노력을 해야할지를 구조화시켜 주고, 진행 과정에 대한 점검을 가능하게 하며, 무엇보다도 수행에 대한 동기를 유발하게 됩니다. 여기서 중요한 점은, 목표가 효과적이어야 한다는 점입니다. 효과적인 목표의 조건은 다음과 같습니다.

❶ 아이에게 그 목표가 중요한 가치로 와닿아야 합니다.
❷ 모호하지 않은, 매우 구체적인 목표여야 합니다.
❸ 너무 어렵지도, 너무 쉽지도 않은 적당한 난이도의 실현 가능한 목표여야 합니다.
❹ 먼 시기의 목표를 한 번에 설정하는 것보다 가까운 시일 내의 목표를 자주 설정하여야 합니다.
❺ 목표를 달성하는 데 도움이 되는 절차를 통해 자신의 수행 정도를 점검할 수 있어야 합니다.

예를 들어 수학 학원 과제를 하지 않는 아이에게 '최선을 다해서 집중해 보기'는 효과적인 목표라 할 수 없습니다. 그보다는 수학 실력을 기르는 것이 어떤 이득을 주는지 정확하게 설명하고 아이와 함께 구체적인 목표를 설정해야 합니다. '다음 레벨 테스트에서 100점 맞기' 또한 효과적인 목표라고 할 수 없습니다. 물론 한두 개 실수로 만점을 놓치는 아이라면 적당한 목표가 될 수 있겠지만, 그런 것이 아니라면 가까운 시일에 달성 가능한 난이도를 설정합니다. '다음 레벨 테스트 점수 10점 올려 보기'라는 목표가 아이의 동기에 더 도움이 됩니다. 특히 아이 혼자 목표를 설정할 때 지나치게 쉽거나 어려운 목표를 설정할 가능성이 있으므로 적당한 목표를 제시해 줍니다. 이때 "100점? 이게 말이 돼? 20점부터 올리고 말해!"가 아니라 100점까지 가기 위한 작은 목표들을 단계별로 하나씩 이루어 가는 과정을 알려 줘야 합니다. 그리고 그 목표 달성에 도움이 되는 구체적인 절차를 알려 줄 필요가 있습니다. 예를 들어 수업 내용을 복습하고, 과제를 완수하면 아이가 스스로 정답 개수를 세어 보고 오답을 점검해 보는 시간을 갖도록 제안해 볼 수 있습니다. 노력이 중요한 건데 점수로 목표를 잡는 것이 성과주의는 아닌지 걱정된다고요? 10점 상승이라는 목표에 도달하지 못하더라도 아이는 그 목표를 위해 수행한 매일의 과제와 자기 점검을 통해 성취감을 느낄 것입니다.

✦ 두 번째 팁: 아이가 유혹을 느끼는 물건 치우기

만족 지연이 어려운 아이들을 위해 고려해야 할 한 가지가 있습니다. 충동이 들지 않는 환경을 만들어 주는 것입니다. 유명한 마시멜로 실험을 한 번 떠올려 볼까요? 눈앞의 마시멜로를 당장 먹지 않고 기다리면 마시멜로를 하나 더 주는 과제를 주었을 때 끝까지 기다린 아이들이 사회적·직업적으로 더 유능하게 자라난 결과를 보여 준 실험이죠. 혹시 이 실험이 마시멜로를 손은 닿지만 눈앞에는 보이지 않는 서랍에 넣고 진행되었으면 어떻게 되었을까요? 마시멜로를 바로 먹어 버린 아이들도 기다렸다가 마시멜로 두 개를 획득했을지도 모를 일입니다.

눈앞에 있는 마시멜로를 잠깐 눈앞에서 사라지게 해 주세요. 과제를 할 조용하고 정돈된 장소를 제공하는 것도 한 방법입니다. 책상 위에는 한눈팔 만한 요소가 없는 것이 좋습니다. 특히 휴대폰, 게임기 등은 가능하면 과제 시간에는 눈에 띄지 않는 장소에 두게 합니다. 필요한 필기구를 찾다가 딴 길로 새지 않도록 연필, 지우개 등을 딱 필요한 만큼만 준비해 주세요. 또한 날마다 과제를 하는 시간을 정해 두는 것도 도움이 됩니다. 다만 흥미로운 활동이 다 지난 후 저녁 늦은 시간으로 잡기보단 아이의 컨디션이 가장 좋은 시간으로 배치하고, 그 이후에 즐거운 활동을 계획해 주는 것이 효과적입니다. 과제를 하는 시간이 정해져 있다면 그 시간 동안의 스크린 타임 제한을 통해 자기 조절을 도와줄 수도 있습니다.

✤ 세 번째 팁: 과제 난이도와 분량 조율하기

아이보다는 부모님 혹은 아이 주변의 선생님이 노력해 주셔야 할 부분입니다. 과제의 난이도를 아이의 현행 수준에 맞게 조절해 주세요. 과제는 결국 혼자서 해내야 하는 것입니다. 80~90퍼센트 이상 해낼 기술을 습득하지 못한 상태에서 어려운 과제가 반복적으로 주어지면 아이는 좌절하고, 이는 또다시 주의력 저하로 이어질 수 있습니다. 과제의 양 또한 아이에게 적당해야 합니다. 양에 압도되는 순간 아이는 과제 시작에 대한 동기를 잃어버립니다. 만약 과제의 양이 그렇게 많지 않은데도 아이가 많다고 느끼고 있다면 과제를 더 작은 단위로 나누어서 하게 해 주세요. 시간을 관리하기 위한 포모도로 기술처럼 수학 문제 30개가 있다면 10개를 풀 때마다 휴식 시간을 줄 수도 있습니다. 또한 여러 노력에도 불구하고 아이가 한계에 도달한 것처럼 보이는 날이 있을 수 있습니다. 그럴 땐 무리하게 밀어붙이지는 말아 주세요. 내일을 위해 그만할 때를 아는 것도 중요하니까요.

✚ 네 번째 팁: 과제 완수하는 구체적인 전략 세우기

과제 완수에 대해서는 명확한 전략이 필요합니다. ADHD 아이들은 과제를 시작하기 전에 과제에 대한 이해나 계획 없이 무작정 시작하다가 막막함을 느끼는 경우가 많습니다. 따라서 다음과 같은 단계에 따라 전체적인 과제의 양과 특성을 파악하고 전략을 세우는 습관을 들이는 것이 중요합니다.

❶ 과제 적기: 계획표에 과제 제목, 과제가 주어진 날짜와 마감 날짜를 적어 봅니다.

❷ 과제 이해하기: 과제 시작 전에 선생님 혹은 부모님과 상의해야 할 사항은

없는지 생각해 보고, 필요하면 도움을 구합니다.
❸ 과제 분석하기: 과제를 작은 단위로 나누고 각 단위마다 걸리는 시간을 예상해 봅니다.
❹ 과제 실행하기: 각 단위를 해낼 때마다 피드백을 받아 봅니다.
❺ 과제 점검하기: 과제가 잘 마무리되었는지 점검해 보고 제출일에 맞춰 제출할 수 있게 챙깁니다.

이 단계는 보고서 쓰기와 같은 복잡한 숙제만이 아니라, 학습지 열 장 풀기 같은 간단한 과제에도 적용 가능합니다. 만약 방문 선생님이 오시기까지 5일이 남았다면 두 장씩 나누어서 풀도록 분량을 나누어 주세요. 초등학생까지는 이 전략을 아이와 부모님이 함께 짜 보며 숙달되게 해 주고, 중고등학생이 되면 스스로 전략을 세우고 이용해 볼 수 있게 해 주세요.

추가로 아이에게 맞는 학습 전략을 함께 찾아보는 것도 좋습니다. 예를 들면 조용히 있는 것이 힘든 아이들은 누군가와 대화하듯 혼잣말을 하며 과제를 할 수도 있습니다. 착석이 어려운 아이들은 과제 중간에 아이가 일어나서 움직이는 것을 허용해 주거나 스트레스 볼(쥐었다 폈다 할 수 있는 말랑한 공)을 만지면 집중력 유지에 도움이 됩니다.

✦ 다섯 번째 팁: 자신의 강점을 깨닫도록 구체적인 피드백과 칭찬하기

과제 수행을 더 쉽게 만드는 마지막 방법은 피드백과 칭찬입니다. ADHD 아이들은 피드백을 자주 그리고 많이 받을수록 수행을 더 잘하는 경향이 있습니다. 나이가 어리다면 위에서 언급한 '❺ 과제 점검하기'를 부모님과 함께하는 것도 좋습니다. 피드백을 줄 때는 아이가 노력한 부분을 구체적으로 칭찬해 아이가 자신이 잘한 부분을 명확히 알도록 해 주세요. 혹시 개선해야 할 부분을 전달해야 한다면, 아이의 태도를 비난하거나 누군가와 비교하지는 말아 주세요. 그보다는 객관적인 사실을 언급하고 개선할 방안을 아이와 함께 상의하세요. "오늘 약속된 시간에 과제를 스스로 시작하다니 정말 대단했어. 그런데 학습지를 하루만에 다 하려고 하니 좀 지쳐 보이더라. 몇 장씩 나누어서 하는 것은 어떨까?"와 같은 식으로 말이에요. 피드백 혹은 보상은 스스로 하게끔 도와주세요. 즉 미리

ADHD 아이를 위한 학습 관리 체크리스트
- ☑ 동기 유발에 도움이 되는 효과적인 목표를 세워 보세요.
- ☑ 흥미로운 활동에 대한 충동이 들지 않는 환경을 만들어 주세요.
- ☑ 과제의 난이도와 양을 조절해 주세요.
- ☑ 과제 완수를 위한 전략을 세우고, 과제마다 점검해 주세요.
- ☑ 피드백과 칭찬을 해 주고, 아이 스스로도 자신에게 보상을 하게 해 주세요.

정해 놓은 기준에 도달하면 자기 스스로 보상을 하는 자기 강화를 가르쳐 주는 것입니다. 과제의 작은 단위를 마칠 때마다 '집중해서 여기까지 해냈으니 30분 동안 푹 쉬어야지.'라고 뿌듯해하며 휴식을 취하는 것 또한 간단하고도 효과적인 자기 강화입니다.

ADHD 아이, 미디어와 건강하게 거리 두는 연습

ADHD 아이들의 시간, 공간, 과제의 어려움은 아주 오래전부터 논의되어 온 부분입니다만, 요새 부모님들이 가장 궁금해하는 부분은 바로 미디어 사용입니다. 다른 문제로 면담을 할 때 어느 정도 부모님의 고민에 수긍하던 아이들도 미디어 사용 문제를 꺼내면 날을 세우곤 하지요. 손가락만 이용하면 단 몇 초만에 원하는 친구와 연락할 수 있고, 재미있는 게임이 가득하고 흥미로운 정보도 쉽게 찾을 수 있는 미디어는 아이들에게 너무나 중독적입니다. 미디어는 ADHD 아이들이 취약한 보상 시스템에 직접 작용하여 악순환의 고리를 만들 수 있습니다. 즉각적인 만족감을 주는 미디어에 더욱 취약한 ADHD 아이들은 무분별하게 미디어를 사용하게 될 가능성이 더욱 높고, 만족 지연이 어려운 ADHD의 뇌 특성이 이러한 반복적인 미디어 노출로 인해 더욱 악화되는 것입니다. 실제로 약 4,000명의 청소년을 장기 추적한 연구 결과, 스크린 시간의 증가는 실행 기능과 ADHD 증상에 영향을 미쳤으며, 특히 악화된 충동성이 중간 매개 역할을 하는 것으로 나타났습니다.[12]

✚ 첫 번째 팁: 첫 시작부터 온 가족 규칙 만들기

미디어는 처음 사용할 때부터 규칙을 마련해야 합니다. 단 미디어 사용만큼은 아이에게만 적용되는 규칙이 아니라 가족 전체의 규칙을 만들어서 모두 함께 지켜 주세요. 규칙에는 하루 동안 오락 목적으로 미디어를 사용하는 시간, 미디어 사용이 금지되는 시간과 공간을 함께 정합니다. 참고로 미국 소아청소년정신의학회에서는 만 2~5세 아이는 학습 외 스크린 타임을 평일에는 약 1시간, 주말에는 3시간 정도로 제한하고, 만 6세 이상도 스마트폰이나 동영상 시청을 비롯한 스크린 타임을 적절히 제한할 것을 권장합니다.

✚ 두 번째 팁: 사용 금지 시간과 공간 정하기

미디어 사용 금지 시간과 공간을 정하는 것은 충동 조절이 어려운 ADHD 아이들을 직접적으로 돕는 방법입니다. 아무리 규칙이 있어도 눈앞에 게임 화면이 보이고 SNS 알람이 울리는 순간을 무시하기란 참 어려운 일이니 말입니다. 그러니 아이를 일방적으로 통제하는 것이 아니라 "이 시간, 이 공간만큼은 미디어를 멀리해 보자!"라는 접근이 필요합니다. 식사 시간, 과제하는 시간, 수면 시간에 미디어 사용을 제한하는 것도 좋은 방법입니다. 그리고 가족 모두가 휴대폰을 함께 보관함에 넣기로 약속해 보세요. 아이는 다른 식구들이 함께 참여할 때 더 쉽게 받아들입니다.

✦ 세 번째 팁: 미디어 내용에 관심 가지기

이 시대의 아이들에게 미디어 사용을 아예 금지하는 것은 사실상 불가능합니다. 아이의 미디어 사용에 대해 걱정만 하기보단 다정하게 관심을 가져 주세요. 아이가 어떤 게임을 즐겨 하는지, 어떤 앱을 주로 사용하는지, 유튜브는 어떤 콘텐츠를 보는지 말이에요. 이러한 관심은 부모와 아이 사이의 유대감을 깊게 해 주는 동시에 SNS에서 만난 낯선 사람과 소통하는 문제, 개인정보 보호, 유해 콘텐츠 노출과 같은 중요한 문제들에 대해 편안하고 솔직한 대화를 나눌 수 있는 기반이 됩니다.

✦ 네 번째 팁: 즐거운 취미 활동 만들기

마지막으로 미디어 사용 제한을 위한 규칙만큼 중요한 일이 있습니다. 아이에게 미디어 외의 다른 즐거운 활동이 있어야 합니다. 활동은 아이의 관심사에 따라 운동이 되기도 하고, 그림 그리기가 되기도 합니다. 특히 가족 모두가 모이는 시간대가 있다면 다 같이 공유할 수 있는 취미를 만들어 보면 어떨까요? 모두가 말없이 휴대폰 화면을 바라보는 대신 함께 보드게임을 하고 배드민턴을 치면 좋겠지요. 가족과 상호작용하며 취미 생활을 하는 즐거움이 미디어로부터 얻는 일방적인 흥미보다 더 크다는 사실을 아이가 진심으로 느낄 수 있도록 말이에요.

ADHD 아이를 위한 미디어 관리 체크리스트
- ☑ 미디어 첫 시작부터 우리 가족의 규칙을 만들어 주세요.
- ☑ 미디어 사용 금지 시간과 공간을 정해 보세요.
- ☑ 아이가 즐겨 하는 미디어에 대해 관심을 가져 주세요.
- ☑ 미디어 외 즐거운 활동을 마련해 주세요.

시행착오 속에서 성장하는 아이들

아이를 도와주는 환경 조성은 단순히 외부 조건을 바꾸는 것이 아니라 아이의 복잡한 뇌를 함께 정돈해 주는 일입니다. 물론 이 여정이 쉽지만은 않을 것입니다. 애써 정리한 공간이 1시간 만에 어질러질 수도 있고, 바로 어제 함께 세웠던 계획인데도 전혀 기억하지 못하는 아이를 마주하며 '역시 바뀌지 않는다.'라는 좌절감이 들 수도 있습니다. 진료실에서도 그런 이야기를 자주 듣습니다. "정말 열심히 해 봤지만 아이는 변하지 않아요." 하지만 더 대화를 나누다 보면 이렇게 말씀합니다. "그래도 1, 2년 전보다 아이가 정말 많이 자란 것 같아요." 가장 가까이서 아이들을 지켜보는 부모님의 말씀이니 이게 정답이 아닐까요? 지금 당장 눈에 보이는 변화가 없어도 괜찮습니다. 시행착오 속에서 아이는 아주 조금씩 방향을 찾아낼 것이고, 어느 순간부터는 아이 스스로가 '나도 해 볼 수도 있겠다.'라고 느끼기 시작할 것입니다. 그리고 결국에는 삶의 중요한 순간에 그 이정표를 따라 자기 삶을 스스로 조율해 나갈 것입니다.

14
부모와 아이가 함께 자라는 마음의 기술

얼마 전 서점에 가 보니 심리학 코너에 마음챙김에 대해 다룬 책들이 여러 권 꽂혀 있는 것이 보였습니다. 불과 10~15년 전만 하더라도 마음챙김은 이렇게까지 대중적인 용어는 아니었습니다. 그러나 마음의 주인이 되기 어려울 정도로 급격히 발달하는 현대 사회에서 마음챙김은 새로운 근거 기반의 정신 건강 관리법으로 주목받고 있습니다. 마음챙김의 기원은 팔리어로 기록된 불교 경전의 'sati'라는 용어에서 시작됩니다. sati는 단순하게는 기억, 되새김 등을 뜻하지만, 더 나아가서는 주의 깊은 마음 수행과 현존의 끊임없는 유지가 결합된 불교의 중요한 수행 개념입니다. 19세기 말 리스 데이비즈Rhys Davids는 sati의 수행적 의미를 전달하기 위하여 영어로 'mindfulness'라고 번역하였고, 이것이 한국어로 마음챙김이 되었습니다. 학자마다, 정의마다 조금씩 다르긴 하지만 공통적으로 강조되는 마음챙김의 핵심은 다음과 같습니다.

1. 가득 찬 주의력

마음챙김은 mindfulness라는 용어에서 나타나듯이 가득 찬 주의력을 온전히 발휘하는 것을 말합니다.

2. 명확한 알아차림

주의를 기울이면 나 자신(신체, 느낌, 마음, 현상)에 대해 명확한 알아차림, 즉 자기 인식이 가능해집니다.

3. 현재를 지향

주의의 대상은 흘러가 버린 과거나 예측 불가능한 미래가 아닌 현재 이 순간이어야 합니다.

4. 수용적 태도

알아차리게 된 현재 상태를 평가하거나 비판하지 않는, 즉 집착하지 않는 수용의 태도를 지녀야 합니다.

5. 능동적 참여

수용은 얼핏 수동적인 태도로 보이지만, 마음챙김은 나 자신이 마음의 주인이 되어 지금 이 순간에 전적으로 참여하는 것입니다. 그러기 위해서는 굉장히 호기심 어린 태도로 능동적인 주의를 기울여야 합니다.

이 다섯 가지 핵심이 반영된 마음챙김은 우리 마음의 단단한 기둥이 됩니다. 불교 경전에서는 기둥이 단단하지 못하다면 그 기둥에 묶인 동물들이 제각기 달려가려 하다가 엉키지만, 기둥이 단단하면 아무리 다양한 자극이 나타나도 중심은 흔들리지 않는다고 말합니다. 이때 우리의 마음은 명료하고 평안해집니다. 마음챙김은 바로 이러한 마음의 기둥을 단단히 세우기 위한 방법으로 발전한 것입니다.

아이와 함께하는 마음챙김 연습

흥미롭게도 이 기둥에 묶인 동물의 비유는 진료실에서 ADHD 아이들에게 핵심 증상을 설명할 때 쓰는 비유와 참 닮아 있습니다. 저는 진료실에서 종종 아이들에게 이렇게 묻곤 합니다.

"네 마음속에 사자가 나타나서 너도 모르게 마구 뛰어다니게 되거나 화를 내게 되진 않니? 혹은 너도 모르게 너의 생각과 마음을 다른 곳으로 끌고 가 버리진 않니?"

즉 ADHD 아이들에게 마음챙김을 알려 주는 것은 첫 번째 핵심 기제인 주의 조절 훈련을 하여 이 기둥을 단단히 세우는 것과 같습니다. 더 자세히 말하자면, 아이들의 주의를 빼앗는 수많은 요소로부터 흔들리지 않게 하는 것, 혹은 '끊임 없이 생각이 떠오르는' 사고의 늪에서 빠져나와 온전히 나 자신과 나 자신이 존재하는 상황에 주의를 기울이는 훈련입니다. 또한 주의가 산만해질 때 스스로 알아차림으로써 다시 주의 깊은 상태로 되돌리는 훈련이기도 합니다. 자기 자신에 대한 알아차림은 산만함과 충동이 행동으로 이어지기 전에 멈출 수 있는 자기 조절을 가능하게 합니다. 이뿐만 아니라 스트레스나 정서 조절에 도움이 되기에 ADHD 아이들이 2차적으로 겪는 정서적 어려움에도 긍정적인 역할을 합니다.

여러 연구에서도 ADHD의 치료에 마음챙김은 의미 있는 결과들을 보여 줍니다. 32명의 ADHD 성인과 청소년을 대상으로 ADHD 특성에 맞게 조정한 마음챙김을 총 8주간, 주 1회씩 그룹 기반 명상 세션과 일일 개인 연습으로 제공한 결과 주의력 및 충동 조절 과제에서 향상된 점수가 관찰되었습니다. 또한 참가자의 훈련 만족도

는 매우 높은 편이었으며 참가자들의 불안 및 우울 증상 역시 호전되었습니다.[13]

또 하나의 연구에서는 아이들과 부모가 동시에 각각 마음챙김 훈련을 받았습니다. 그 결과 부모가 보고하는 아동의 ADHD 증상이 호전되었으며 부모의 양육 스트레스 또한 감소하여 부모와 자녀 관계가 개선되는 효과를 보였습니다.[14] ADHD와 마음챙김에 관련된 여러 연구를 종합한 분석에서도 약물치료와 면담치료만 받은 아이들보다 추가로 마음챙김 기반 훈련을 받은 아이들에게서 ADHD 증상의 의미 있는 개선을 보인 비율이 유의미하게 더 높았습니다.[15] 마음챙김은 주의력, 과잉행동, 충동성 개선에 효과를 보이는 것으로 보이며 향후 ADHD의 유용한 보조적 치료 도구가 될 수 있을 것입니다.

주의력 조절을 키우는 하루 10분 명상

여러 연구 결과에서 나타난 것과 같이 마음챙김은 선천적인 재능이 아니라 연습하고 길러 낼 수 있는 기술로, 마치 두발자전거 타기와도 비슷합니다. 어린 시절 부모님께 자전거를 타는 법을 배우면 훨씬 더 습득하기도 쉽고 즐거운 법입니다. 마음챙김도 마찬가지입니다. 이 책을 읽은 뒤 아이와 함께 하루 5분이라도 마음챙김 훈련 시간을 가져 보세요. 고요한 명상실이나 긴 시간이 필요한 것이 아닙니다. 아침에 눈을 뜬 직후, 저녁 식사를 하며, 아이와 함께 집을 나서는 길에도 가능합니다.

집에서도 실천할 수 있는 마음챙김 훈련에 대해 알려 드리겠습니다. 초기 ADHD 관련 연구에서 사용된 마음챙김 기반 훈련 프로그램 마이마인드Mymind에 포함된 명상 방법입니다. 아이와 함께 재미있고 편안하게 할 수 있는 활동 한두 개를 골라서 실천해 보세요. 대신 매일 하루 중 한 번, 부모님과 아이 모두 방해받지 않을 수 있는 일정한 시간대를 정해 두는 것이 좋습니다. ADHD 아이들은 기다리는 것을 어려워하기 때문에 처음에는 1~2분만 시도해 보고, 습관이 되면 10~15분으로 늘려 보세요. 아이도 부모도 평가받는 시간이 아니라 즐겁고 행복한 시간이어야 합니다. 우리 마음과 머릿속에 주의를 흐트러뜨리는 수많은 생각이 오가는 것을 알아차리는 시간이기 때문에 처음에 집중을 못 하는 것은 너무나 당연합니다. 따라서 아이에게 강요하지 말고 훈련을 마친 뒤에는 긍정적인 피드백을 주세요. 아이 맞춤형의 쉽고 짧은 놀이 형태로 진행하는 것도 아주 좋은 방법입니다.

✦ 감각 인식 훈련과 건포도 명상

감각 인식 훈련은 몸의 오감에서 일어나는 감각을 있는 그대로 인식해 보는 명상입니다. 편안하고 조용하게 앉아서 내가 지금 느끼는 감각을 '좋다/싫다/불편하다'로 평가하지 않고, 단순히 느껴 보고 관찰해 봅니다. 어떤 감각이 강해지거나 약해지더라도 반응하지 않습니다. 이렇게 항상 함께하던 일상의 감각을 인식하는 데에는 마치 대상을 처음 접하는 것과 같은 태도로 알아차리고자 하는 마음을 갖는 것이 필요합니다. 대표적인 감각 인식 훈련 중 하나인 건포도 명상은 일상적 사물인 건포도를 오감으로 천천히 인식하는 것입니다. 꼭 건포도가 아니어도 됩니다. 아이와 함께 무엇이든 일상의 작은 사물 하나를 골라 보세요.

- 일상 사물 고르기
- 보기
- 만져 보기
- 냄새 맡아 보기
- 들어 보기
- (먹을 수 있는 사물이라면) 맛보고, 씹어 보고, 삼켜 보기

아이에게 "마치 네가 지구에 처음 온 화성인이어서 이 물건을 한

번도 본 적 없는 것과 같이 상상해 보자."라고 하며 시작합니다. 처음은 사물 관찰하기입니다. 모양, 색깔, 크기, 질감, 주름과 굴곡 등 특징을 눈으로 관찰해 보고 서로 발견한 점을 이야기를 나누어 봅니다. 다음은 표면을 만져 봅니다. 눈을 감아도 좋고 떠도 좋습니다. 표면이 거친지, 부드러운지, 축축한지, 건조한지 손끝 감각에 집중하며 촉감을 느껴 보게 합니다. 아이가 다른 곳으로 주의를 옮겨 간다면 다시 눈앞에 놓인 사물로 돌아와 살펴보자고 부드럽게 이야기해 주세요. 천천히 냄새를 맡아 보고 어떤 냄새가 느껴지는지 이야기를 나누어 보세요. 냄새를 맡았을 때 입이나 뱃속에서 어떤 반응이 일어나는지도 알아차려 봅니다. 귀로도 들어봅니다. 선택한 사물을 귀에 대 볼 수도 있고, 손가락으로 톡톡 쳐 보거나, 말랑말랑한 사물이라면 손가락으로 눌러 보며 소리를 들어 볼 수도 있습니다. 먹을 수 있는 사물이라면 씹지 말고 혀 위에 올려놔 보고 혀를 굴려 보며 감각에 집중해 봅니다.

다음은 부드럽게 한두 번 씹기 시작하며 변화하는 맛과 질감을 느껴 봅니다. 삼킬 준비가 되었을 땐 삼키고 싶은 충동이 올라오는 그 순간을 먼저 알아차리고 식도를 타고 내려가는 느낌을 관찰하며 삼킵니다. 마친 뒤에는 사물에 대해 새롭게 알게 된 부분이 있는지, 훈련 중 마음이 흐트러진 적은 없는지, 물건에 어떻게 다시 초점을 맞출 수 있었는지 이야기를 나누어 봅니다.

✤ 호흡 명상과 호흡 공간

호흡은 우리가 여기 존재한다는 것을 가장 쉽게 알아차리게 해 줍니다. 누구나 '내가 숨을 쉬고 있다.'라는 것을 알고 있고 느낄 수 있습니다. 호흡은 생체 징후 중 유일하게 스스로 속도와 깊이를 조절할 수 있는 것으로, 아주 어린 아이들도 '후' 하고 깊게 숨을 내쉬어 볼 수 있습니다. 호흡 명상의 기본적인 개념은 호흡 자체, 즉 들이마시는 숨과 내쉬는 숨에 집중하는 것입니다. 처음에는 의식적으로 호흡을 하는 것이 어떤 것인지 아이와 함께해 봅니다. 호흡을 멈춰 보기도 하고, 빨리도 해 보고, 느리게도 해 보는 것입니다. 어린 아이들에게는 향기를 맡아 보라고 할 수도 있고, 풍선 불기, 휴지 오래 날리기 등을 통해 깊게 숨을 내쉬어 보게 할 수 있습니다.

아이와 숨을 깊게 들어 마시거나 내쉬면 어떤 느낌이 드는지, 가슴이나 배는 어떻게 되는지 이야기를 나누어 봅니다. 의식적인 호흡 조절이 어떤 것인지 알고 난 뒤에는 편안하고 이완된 자세에서 호흡을 억지로 조절하지 않고 있는 그대로 느껴 봅니다. 가슴과 배의 움직임, 코에서 전해지는 느낌까지 그 어떤 것이든 호흡과 관련된 감각에 집중해 보자고 합니다. 아이의 배에 아끼는 인형을 올려 두고 숨을 쉴 때마다 인형이 올라간 배가 어떻게 움직이는지 느끼게 할 수도 있습니다. 이 과정에서 다른 생각이 드는 것은 자연스러운 일입니다. 그럴 땐 "지금 다른 생각이 떠올랐구나."라고 알려 주고(아이 입장에서는 알아차리되 반응하지 않고) 다시 호흡으로 초점을 되돌려주세요. 처음에는 긴 호흡이 편하지 않을 수 있습니다. 너무나 당연한 것이니, 단 1분이라도 아이와 함께 호흡 명상을 해 보시길 권합니다.

연습을 반복하며 호흡의 시작과 끝을 알고 그 사이의 호흡 공간에 머물 수 있게 되면, 호흡 공간 활용은 갈등이 생기거나 감정이 격해지는 어떤 상황에서도 마음을 진정시키는 기술이 됩니다. 갈등 상황에서 호흡 공간을 활용하는 법은 다음과 같습니다.

- 멈추고 마음 알아차리기
- 호흡에 집중하기
- 몸과 마음 전체 느끼기

첫 번째 단계는 감정 조절이 어렵거나 불안을 많이 느끼는 순간에 일단 멈추고 자동적으로 올라오는 생각, 감정, 신체 반응 등을 알아보는 것입니다. 화가 날 수밖에 없는 순간에도 자동 반응처럼 화를 내지 않고 아이 스스로 감정의 주체가 되어 표현하려면 우선 멈추고 자신의 마음을 알아차릴 수 있어야 합니다. 처음 호흡 공간을 활용할 때는 "지금 잠깐 멈추고 네 마음이 어떤지 알아보자. 네 마음의 날씨는 지금 어떠니?"라고 질문을 던짐으로써 아이가 알아차릴 수 있도록 도움을 줄 수 있습니다. 핵심은 하소연을 들어주는 것이 아니라 원치 않는 경험일지라도 "내가 이것 때문에 속상한 거였구나." 하고 있는 그대로 인식하고 받아들이게 하는 것입니다. "그랬구나. 네가 그런 마음이 들어서 심장이 쿵쿵거리고 흥분한 거구나."라고 부모님이 아이가 말한 그대로를 알아차려 주는 것도 방법입니다.

두 번째 단계에서는 그동안 연습해 오던 호흡에 주의를 기울여 봅니다. 아이의 감정이 쉽게 가라앉지 못하고 집중해 내기가 어렵다면 의도적으로 크게 호흡하는 방식을 먼저 시도해 볼 수도 있습니다. 코로 3초 동안 깊게 들이 마시고, 1~2초간 숨을 멈추었다가, 입으로 4초 동안 길게 내쉬는 방식입니다.

세 번째 단계에서는 호흡에서 확장하여 몸 전체의 감각, 자세, 얼굴 표정 등 몸 전체와 마음이 조금 편안해졌는지 알아차려 보도록 합니다. 이 모든 과정은 3분 내에 할 수 있습니다. 호흡을 규칙적으로 연습하면 실제의 스트레스 상황에서 더 의도적이고 현명한 선택을 할 수 있게 됩니다. 병원을 찾아오는 아이들뿐 아니라 저 역시 이 호흡 공간 활용을 매우 유용하게 사용하고 있습니다. '멈추고, 숨을 쉬어 보고, 편안해지기' 이 3단계만 기억해 주세요.

✦ 신체 인식 훈련과 바디 스캔

호흡과 함께 우리의 몸을 있는 그대로 알아차리는 것도 마음챙김의 한 방법입니다. 심박수, 호흡, 통증, 저림 등의 불편함, 이완, 아주 미세한 움직임 등 몸의 상태를 알아차리는 연습을 통해 몸이 꼭 필요로 하는 것을 알아낼 수도 있고, 조금은 불편하지만 그 상태를 수용하며 넘어갈 수도 있습니다. 자신의 몸의 특정 부분에 집중함으로써 ADHD 아이들은 산만한 상태에서 지금 이 순간으로 돌아올 수 있습니다. 몸의 감각을 인식하는 과정을 통해 충동적인 행동이 튀어나오기 전에 멈추는 것도 가능해집니다. 순서는 다음과 같습니다.

- 전체 몸 느끼기
- 왼발 엄지발가락에 주의 기울이기
- 호흡이 머물게 하기
- 발가락에서부터 올라오기
- 다시 몸 전체로 돌아오기

편안한 자세를 취하여 '지금 여기 있는 나의 몸' 전체를 인식하는 것부터가 시작입니다. 천천히 숨을 내쉬며 가만히 몸의 감각에 의식적으로 집중해 봅니다. 이후 왼발 엄지발가락 한 부분에 집중하여 어떤 느낌이 드는지 느껴 보고 이야기를 나누어 봅니다. 아이들에게는 "마법 손전등을 가지고 왼쪽 발가락만 비춰 본다고 상상해 보자." 하면 쉽게 이해합니다. 아이가 말로 표현하기 어려워한다면 차가운지, 따뜻한지, 긴장된 느낌이 드는지, 편안한 느낌이 드는지, 간지러운지, 저릿저릿한지 등을 질문합니다. 다음은 숨결이 몸을 따라 흘러가 발가락에 닿는다고 상상하며 편안히 숨을 내쉬어 보게 합니다. 이러한 방법으로 발끝, 발목, 종아리, 무릎, 허벅지, 엉덩이, 배, 등, 가슴, 손끝, 팔, 어깨, 목, 얼굴, 머리 순으로 천천히 하나씩 집중해 봅니다. 중간에 주의가 흐트러지면 현재 몸의 어느 한 부분으로 돌아오게 합니다. 마지막에는 온몸에 숨을 채우듯 크게 숨을 내쉬어 보며 나의 몸 전체로 주의를 확장합니다. 어린 아이들은 2~5분 정도의 짧은 훈련을 하는 것을 권장하고, 인형이나 물건을 활용하여 몸의 각 부위에 대 보며 바디 스캔을 할 수도 있습니다.

✤ 일상 속 마음챙김

우리의 하루는 작은 활동들로 채워져 있습니다. 양치하기, 씻기, 식사하기, 산책하기, 숙제하기, 잠자리 준비 등은 거의 반복되는 하루 루틴이죠. 이러한 일상적 활동에 주의를 기울이고 활동의 과정을 새롭게 알아차리는 것이 바로 일상 속 마음챙김입니다.

양치할 때 마음챙김을 적용해 볼까요. 칫솔을 잡는 손의 힘, 칫

솔이 치아를 스치는 느낌, 거품이 입안에서 퍼지는 감각, 치약의 향, 물을 머금을 때의 차가움, 미지근해진 뒤 뱉는 느낌을 순서대로 하나씩 느껴 보도록 합니다. 아이에게 과정의 어디를 지나고 있는지, 느낌이 어떤지를 하나씩 물어보는 것도 도움이 될 수 있습니다. 직접 양치를 하지 않고 눈을 감고 양치를 하고 있다고 상상하며 하나씩 주의를 기울여 볼 수도 있습니다. 식사를 시작하기 전에도 음식의 색과 모양을 관찰하고, 향을 맡으며, 씹을 때의 소리나 온도, 식감을 느끼고 함께 이야기해 보세요. 음식과 먹는 행위에 주의를 기울이며 먹는 마음챙김은 평범한 식사를 감사와 만족의 경험으로 바꾸어 줍니다.

잠자리 준비는 하루를 마무리하는 가장 좋은 마음챙김의 시간입니다. 침대에 누우며 몸이 침대에 닿는 느낌을 관찰하고, 이불을 덮으면 몸이 따뜻해지며 몸과 마음이 이완되는 것에 집중해 볼 수 있습니다. 그날 감사했던 일이나 새롭게 알아차릴 수 있는 일에 대해 하나씩 떠올려 보고, 편안한 호흡을 해 보는 루틴을 정해 볼 수도 있습니다. 이처럼 평범한 순간들을 의식적으로 경험하는 것만으로 아이는 스스로 감각을 더 섬세하게 알아차리며 주의 기울이기 연습을 반복할 수 있습니다.

✦ 부모도 함께하는 마음챙김의 힘

마음챙김은 부모님에게도 더 절실하게 필요한 기술입니다. 특히 ADHD 아이를 키우는 부모님이라면 이제 고비를 넘은 것 같다가도 다시 좌절하고 불안해지기도 합니다. 아이의 산만함이나 충동적인 행동으로 인해 나도 모르게 욱하고 나서 부모로서의 자질을 고민하기도 합니다. 이때 마음챙김은 부모가 스스로를 지탱할 수 있게 해 줍니다. 예를 들어 아이가 방을 엉망으로 어질러 놓은 상황에서 일단 멈추고 그 순간의 나를 알아차릴 수 있게 됩니다. '내가 지금 심장이 빨리 뛰고 짜증이 나 있구나. 목소리가 커지고, 한 번만 말해도 될 이야기를 잔소리처럼 계속 늘어놓고 있구나.' 하고 말입니다. 이렇게 스스로를 인식하고, 호흡 공간을 활용하는 등 아이와 함께 마음챙김을 해 보면 충동적인 감정의 소용돌이에 휘말리지 않고 아이에게 필요한 메시지를 차분히 전달할 수 있습니다.

아이들에게 가장 강력한 교육은 부모님을 모델로 삼는 것입니다. 부모가 안정감을 느낄 때 아이들 또한 자기 자신을 돌보고 조절하는 힘을 가지게 되기 때문입니다. 부모님 또한 매일 5분이라도 호흡에 집중하고, 지금 이 순간의 몸과 마음을 느껴 보세요. 함께하는 마음챙김은 아이의 주의력과 충동 조절을 돕는 단순한 기술 훈련을 넘어 부모와 자녀 관계를 행복하게 바꿉니다.

ADHD 자녀를 둔 부모의 육아 번아웃과 회복

세상의 많은 부모가 각자의 아이를 각자의 어려움으로 키우기 어렵다고 말합니다. 생각해 보면 아이를 쉽게 키우는 부모는 거의 없습니다. 하지만 ADHD 아이를 키우는 일은 그중에서도 더욱 힘들고 어려운 과제임이 분명합니다. 육아는 단거리가 아닌 장거리 마라톤에 가깝습니다. 아이와 평생을 함께할 부모의 마음을 돌보고, 아이와 오래도록 건강하게 호흡하며 살아가는 방법을 찾고자 합니다.

"대체 왜 이렇게 아이 키우는 것이 힘들까요?"
"제가 아이를 잘못 키워서 그런 걸까요?"
"아이에게 화를 내고 싶지 않은데 참을 수가 없어요"
"다른 사람들은 모두 아이를 잘 키우는 것 같은데 부족한 제 자신을 자책하게 돼요."

✦ ADHD 아이를 키우며 번아웃이 찾아오기 쉬운 이유

아이를 키우는 부모가 자신의 우울감, 불안, 감정 조절의 어려움, 번아웃, 불면, 공황 증상으로 정신건강의학과를 찾는 경우도 있습니다. 찬찬히 이야기를 듣던 정신건강의학과 전문의는 "혹시 아이가 ADHD 아닐까 의심해 보신 적 없으신가요?"라고 먼저 묻게 됩니다. 그렇게 부모의 마음 상태의 원인을 살피는 과정에서 아이가 진료를 받게 되는 경우도 더러 있습니다. 그 과정에서 아이가 ADHD로 진단을 받게 됐을 때 "아, 이게 ADHD로 인한 것이었구나. 아이와 내가 힘들었던 이유가 있었구나." 하고 그동안의 어려움이 이해가 되면서 오히려 마음이 편해지는 경우가 있습니다.

하지만 아이를 이해하는 것은 첫 시작일 뿐입니다. ADHD로 진단을 받고 치료를 시작했다고 해서 당장 모든 증상이나 어려움이 순식간에 사라지는 것은 아닙니다. 여전히 아이의 양육에는 많은 육체적, 정신적 에너지를 쏟아야 합니다. 오히려 아이를 잘 돌보기 위해 부모가 해야 할 일들이 더 많아질 수도 있습니다.

부모는 ADHD 아이를 키우면서 심리적 어려움뿐 아니라 육체적 어려움도 겪게 됩니다. ADHD 아이들은 수면 문제가 매우 흔합니다. 입면이 어렵거나 수면의 질이 좋지 않아 자주 깨기도 하고, 다른 아이들보다 더 이른 시간에 깨어나는 경향도 있습니다. 따라서 부모도 함께 불면증을 겪게 되어 육체적인 피로도가 더 높습니다. ADHD 아이를 키우는 부모는 정서적 스트레스가 높고 심리적 소진 가능성이 높다는 것이 여러 연구에서 이미 입증됐습니다. 왜냐하면 아이가 가지고 있는 자기 관리의 어려움, 자기 조절의 어려움을 케어하다 보니 부모가 불안, 우울과 같은 부정적 정서를 만성적으로 경험하는 비율이 높기 때문입니다.

아이에 대한 사랑이 부족한 건 아닌지 스스로 자책하고 있나요? ADHD 아이를 키우며 생기는 심리적 혼란은 부모가 인내심이 부족한 사람, 양육에 적합하지 않은 사람이기 때문이 절대 아닙니다. 육아를 하면 지치고 힘듭니다. 아이에게 무조건적인 사랑만을 주기가 어렵다고 느끼는 것은 아주 자연스러운 감정입니다. 때로는 아이가 원망스럽고 미워질 수도 있습니다. 하지만 부모가 이렇게 괴롭다는 것은 아이를 사랑하는 부모의 마음, 애착에서 비롯되는 것이기도 합니다. 관심과 애정이 없다면 미움이나 갈등이 생길 이유도 없겠지요.

"나는 내 아이를 너무 사랑하지만, 이 상황은 정말 너무 힘들어요."는 말 그대로 진실입니다. 내가 힘들다는 사실이 아이를 사랑하지 않는다는 것도 아니며, 사랑한다는 마음만으로 모든 현실적 어려움을 웃어넘기고 아무것도 아닌 것처럼 대할 수는 없습니다. 부모도 사람이기에 언제나 아이를 똑같이 대할 수는 없습니다. 하지만 부모는 이런 자신의 솔직한 마음을 누구에게 말하기 힘들기 때문에 남들에게 도움을 구하지 못하고 점점 스스로 고립되기 쉽지요.

✦ 나도 모르게 찾아온 번아웃과 우울

초등학교 저학년 서영이는 친구들과 가족들에게 공격적인 행동을 하여 내원했습니다. 유치원이나 학교에서 친구들과 게임을 하다가 지면 심하게 화를 내거나 우는 모습을 보였고, 수업 시간에도 자신이 잘못한다는 느낌이 들 땐 선생님 지시를 거부하거나 친구를 방해하는 모습을 보였습니다. 실제로 서영이는 공부를 잘하는 편이었으나 가정 내에서도 갈등이 심했습니다. 삼 남매 중 막내였지만 언니, 오빠를 자주 건드리고 방해하는 모습을 보였습니다. 자신이 원하는 것이 관철되지 않으면 굉장히 심하게 떼쓰며 집요하게 요구했고, 심한 욕, 발차기 등 공격적인 모습을 보였습니다. 서영이의 우울과 불안은 가정 내 상황과 밀접한 연관이 있어 보였습니다.

부모님은 전문직 종사자였습니다. 가정 형편상 아이 셋을 믿고 맡길 곳이 없었기 때문에 서영이 엄마는 결국 일을 중단하고 수년째 양육을 전담하는 상태였습니다. 아빠는 먼 지역에서 일을 하느라 주말만 집에 와서 지냈고 양육과 집안일을 하기는 힘들었습니다. 이 과정에서 부부간에 갈등이 심해졌고 엄마는 우울과 번아웃이 온 상태였습니다. 그로 인해 훈육이 일관되지 못했고, 또한 아이들의 정서적 욕구를 채워 주는 것도 쉽지 않았습니다. 서영이는 ADHD와 정서 조절을 위한 약물치료를 시작했으며 엄마 역시 우울과 번아웃에 대해 정신과 치료를 시작했습니다.

아빠가 일요일 하루는 아이들을 데리고 한나절 지내며 서영이 엄마의 자유 시간을 보장하기로 했습니다. 그렇게 약 9개월의 시간 동안 서영이와 가족들이 함께 노력하였고, 그 결과 서영이는 이전보다 짜증, 화 그리고 공격적인 모습이 확연히 줄었습니다. 가정뿐 아니라 학교에서도 문제 행동이 점차 줄어 친구들과 선생님과 원만한 관계로 지내게 됐습니다.

ADHD 자녀를 키우다 보면 무엇이 나를 힘들게 하는지조차 모르게 피로가 쌓이게 됩니다. 실제로 병원에 방문하는 부모님들은 학교에서 여러 번 전화를 받다 보니, 전화벨이 울리기만 해도 깜짝 놀라고 심지어 공황 증상을 보이기도 합니다. 제가 만난 부모님들 중 엄마들 모임에 나가는 게 무섭다고 하는 경우도 꽤 있었습니다. 아이에 대해 어떤 지적을 듣게 될지 모르기 때문입니다. 아이가 학교에 가 있을 때도 혹시나 학교에서 사고를 치고 연락이 오지 않을까 전전긍긍하기도 합니다. 그리고 '나중에 커서도 저렇게 행동하면 친구가 하나도 없을 텐데. 외톨이가 되면 어떡하지?'라고 아직 오지 않은 미래에 대해 과도한 걱정을 하며 비관적으로 생각하는 경우도 적지 않습니다. '차츰 좋아지겠지.' 하고 어느 정도는 시간에 맡겨 두어야 할 부분마저 놓지 못하고, 자녀의 일거수일투족을 관리 감독하고 지시를 하다가 어느 순간 소진되어 버리기도 합니

■ **부모의 정서적 번아웃 체크리스트**[16]

문항 (최근 몇 주간의 상황에서)	응답 선택 매일=2점, 주 1-2회=1점, 0=거의 없음
1	부모 역할 때문에 지쳐서 잠을 자도 충분하지 않다고 느낀다.	
2	부모로서 정말로 지쳐 버렸다는 느낌이 든다.	
3	아이들을 기계적으로, 무감정적으로 돌보고 있다는 느낌이 든다. 해야 할 일만 하고 그 이상은 하지 않는다.	
4	아이에게 내가 얼마나 사랑하는지 더 이상 보여 줄 수 없다고 느낀다.	
5	부모로서 더 이상은 감당할 수 없다는 느낌이 든다.	

★ 점수가 3점 이상이면 소진 가능성이 큰 것으로 보고 전문가를 찾아가 상담을 받아 보길 권합니다.

다. 그러다 보니 아이가 필요할 땐 도와주지 못하게 되며 부모 스스로 '나는 부모로서 무능력해.'라고 생각하고 자책하고 우울해하는 상황에 놓이게 됩니다.

이런 불안과 걱정이 매일매일 누적되면서 부모의 정서적 에너지를 고갈시킵니다. 정서적 번아웃은 눈으로 잘 보이지 않아 스스로 인지하기 어렵습니다. 가랑비에 옷이 젖듯 조금씩 침식하게 되지요. 결국 어느 순간에는 쉽게 피곤해지고, 무기력해지며, 매사에 쉽게 짜증이 나고 그런 자신을 자꾸 자책하는 모습을 보입니다.

양육으로 생긴 번아웃과 우울은 다시 양육에 영향을 미칩니다. 무기력하고 에너지가 저하되기 때문에 아동을 지혜롭게 지도·감독하기 어렵습니다. 아이가 선을 넘는 행동을 해도 당장 큰 문제가 되지 않으면 그냥 포기하게 됩니다. 그러다가 아이가 어느 순간 심하게 문제 행동을 보이거나 묵과할 수 없는 지경에 이르렀을 때 폭발하듯이 짜증과 화를 내게 됩니다. 그리고 강압적인 벌이나 체벌과 같은 부정적 훈육으로 이어집니다. 이런 상태에서는 온정적이고 일관된 양육을 지속하기 어렵게 됩니다. 그러면 아이의 감정을 보듬어 주거나 공감하기 어려워집니다. 결국 부모와 자녀 관계가 어긋나면서 아이의 ADHD 증상 역시 악화됩니다.

✤ 부모의 ADHD 성향

ADHD 아이를 진료하다 보면 부모가 아이와 비슷한 어려움을 겪는 경우가 있습니다. 바로 부모의 ADHD 성향입니다. ADHD는 유전적 경향이 강합니다. 아이가 ADHD를 가진 경우 그 부모 역시 ADHD가 있을 확률이 30~40퍼센트 정도입니다. 그렇다면 부모가 가진 ADHD 성향은 자신의 자녀를 양육할 때 어떤 어려움을 주게 될까요?

핵심적으로 말하자면 '일관성'의 어려움을 보이게 됩니다. 아이에게 루틴을 만들어 주고 잘못된 행동을 바로 잡기 위해서는 꾸준히, 지속적으로, 일관된 양육 패턴을 보여야 하는데, 성인 ADHD를 가진 부모는 자녀 양육에서 일관성을 보이기 힘듭니다.

첫 번째, 집행 기능의 어려움으로 아이를 관심 갖고 지켜 보고 지속적인 개입을 하기 어렵습니다. 부모 스스로도 규칙적인 생활 패턴을 갖지 못하는 경우가 많습니다. 비슷한 시간에 수면하고 기상하고, 식사하고, 운동하는 것 말입니다. 아이의 일상을 챙기는 것도 쉽지 않을 수 있습니다. 아이의 학교 일상을 체크하고, 숙제나 준비물을 챙기는 것, 학교 외의 여가 활동을 계획하고 준비하는 것, 아이의 약물 복용을 챙기는 일들이 매우 어렵게 느껴질 수 있습니다. 이는 단순히 '의지 부족'이 아닌 뇌의 정보처리 방식의 어려움으로 인해 발생합니다. ADHD는 집중 유지, 계획 수립 및 시행의 어려움, 작업 기억 저하 등을 보이게 되는데, 이로 인해 아이의 규칙적인 일상을 돕기가 어려워집니다.

두 번째로는 양육에 있어서 상호작용의 질이 하락합니다. ADHD는 충동 및 감정 조절의 어려움을 가지고 있기 때문입니다. 그래서 아이에게 일관적이지 않은 지시를 내리고, 일관되지 못한 훈육을 계속하기 쉽습니다. 아이와의 상호작용 면에서도 따뜻하거나 칭찬, 지지와 같은 긍정적인 반응이 적은 편입니다. 연구에 따르면 ADHD를 가진 부모는 허용적인 태도와 가혹한 태도를 뒤섞어

■ **성인 ADHD 자가보고 척도(ASRS)**[17]

		전혀 그렇지 않다.	거의 그렇지 않다(드물게 그렇다).	가끔 그렇다.	자주 그렇다.	매우 자주 그렇다.
1	어떤 일의 어려운 부분은 끝내 놓고, 그 일을 마무리 짓지 못해 곤란을 겪은 일이 있습니까?					
2	체계가 필요한 일을 해야 할 때 순서대로 진행하기 어려운 경우가 있습니까?					
3	약속이나 해야 할 일을 잊어버려 곤란을 겪은 일이 있습니까?					
4	골치 아픈 일을 피하거나 미루는 경우가 있습니까?					
5	오래 앉아있을 때 손을 만지작거리거나 발을 꼼지락거리는 경우가 있습니까?					
6	마치 모터가 달린 것처럼 과도하게 혹은 멈출 수 없이 활동을 하는 경우가 있습니까?					

★ 진한 색으로 칠한 부분에 체크한 문항이 네 개 이상이면 정식 진단이 필요합니다.

아이를 대하는 경향이 있습니다. 아이는 부모의 지시를 이해하기 어려워하는 경우가 많아 "부모님이 제게 대체 뭘 어떻게 하라는 건지 모르겠어요." 하고 혼란스러워 합니다.

따라서 자신의 일상 관리가 벅차고 아이의 일상을 챙기는 일이 버겁게 느껴진다면, 아이와의 관계가 냉탕과 온탕을 반복하며 일관된 태도로 대하기 어렵다면 전문적인 도움을 받는 것이 좋겠습니다. 275쪽의 간단한 '성인 ADHD 자가보고척도(ASRS)'를 참고하세요.

✦ 부모의 과도한 불안과 통제 아래 아이는 작아집니다

ADHD 자녀를 키우다 보면 아이가 실수나 잘못을 하지 않을까 늘 걱정을 한 나머지 너무 자주 감독을 하게 됩니다. 부모 입장에서는 아이가 잘 자라길 바라는 마음에서 엄격한 코치 역할을 하게 됩니다. 하지만 부모의 바람과는 달리 아이들은 더욱 반항적인 태도를 보이거나 혹은 반대로 완전히 주눅이 들어 수동적인 삶의 태도를 보이는 경우가 있습니다.

초등학교 고학년 지민이는 학교에 잘 가려고 하질 않아 정신건강의학과를 방문하게 됐습니다. 저학년 때부터 수업 시간에 딴짓을 하고, 태도가 좋지 않은 모습을 보였습니다. 하지만 병원에 내원한 결정적 이유는 지민이가 선생님을 비롯해 또래 친구와 관계가 좋지 않았기 때문이었습니다. 지민이는 의도와 다르게 말실수를 하거나 말싸움을 해서 친구들에게 빈축을 사는 일이 잦아지며 학교에 가지 않으려고 했습니다.

지민이는 진료와 검사를 통해서 ADHD와 적대적 반항 장애로 진단받았습니다. 기본적인 인지 기능과 학업 기능은 모두 평균 이상이었습니다. 심리검사상 지민이에게 가장 두드러진 감정은 반발심과 억울함이었습니다. 지민이 엄마는 회사 대표였는데, 아이가 눈앞에 보이지 않으면 어디에서 어떤 사고를 칠지 걱정이 많았습니다. 아이가 스마트폰을 하고 있으면 무엇을 보는지 매우 궁금해하고 돈을 쓰면 왜 쓰는지, 어디에 쓰는지 묻고 간섭하는 모습을 보였습니다. 아이가 친구들과 게임하면서 통화할 때 비속어나 심한 말을 쓰면 나무라기도 했습니다. 게임을 하지 않고 자전거를 타러 나가면 또 자전거를 너무 많이 타서 사고가 날까 걱정이라고 했습니다. 항상 병원에 와서는 의사가 부모를 대신해 지민이에게 무엇인가 하지 못하도록 지적해 주길 원했습니다.

지민이는 ADHD 문제와 함께 정서 조절에 대한 약물치료를 시작했습니다. 지민이 엄마 또한 사업체 운영과 아이 문제, 배우자 문제로 인해 불안이 높아져 있던 상황이어서 정신과적 치료를 시작했습니다. 지민이뿐 아니라 지민이 엄마에게도 약물치료가 필요한 상황임을 설명하고 불안을 조절하고 아이를 양육할 때 과도한 통제와 비난을 줄이도록 권유했습니다. 약 1년이 지난 후 지민이는 모든 어려움이 사라진 것은 아니지만, 전보다 한결 부드러워진 태도로 주변 사람들과 지내는 모습을 볼 수 있었습니다. 특히 학교 가기 싫다는 말은 하지 않고 편안하게 다니게 되었습니다.

어떤 부모님들은 요즘 아이들의 ADHD나 행동 문제에 대해 '아이들이 제대로 혼나지 않았기 때문에.'라고 생각하고 잘못한 아이를 아주 가혹하게 대하기도 합니다. 하지만 사실은 정반대입니다. ADHD 아이에게서 나타나는 과잉행동, 충동성 증상은 나이를 먹으면서 대체로 감소하는 경향을 보입니다. 하지만 부모가 심하게 비판적이거나, 지속적으로 비판을 하는 가정 분위기가 ADHD 아동이 과잉행동, 충동성이 줄어드는 것을 오히려 가로막게 됩니다. 심지어 간섭을 너무 많이 하고 가혹한 통제를 하면 ADHD 증상이 줄어들기는커녕 오히려 더 증가하는 것으로 나와 있습니다. 어떤 아이들은 부모에게 저항하기 위해 점점 더 행동 문제가 심해지기도 합니다. 만약 그렇지 않다면 반대로 책임 회피를 위해 아주 수동적이고 무기력한 모습을 보이기도 합니다.

부모가 아이를 과도하게 통제하고 억압하는 이유는 내면에 불안이 있기 때문입니다. 남들보다 늦어지기 시작하면 뒤처질 것 같은 불안, 한 번의 실패가 그 이후 계속 실패한 삶으로 이어질 것이라는 불안, 모든 것을 완벽히 해내야 한다는 완벽주의적 사고가 부모와 자녀 관계를 건강하지 않게 만들어 갑니다. 이것은 부모 개인의 문제라고만 치부할 수 없습니다. 우리가 살아가는 시대 분위기는 극도로 높은 생산성과 효율을 강조합니다. 그렇기 때문에 개인의 실수와 시행착오를 기다려 주기 어려운 경향이 있습니다. 이런 분위기는 어른뿐 아니라 아이들에게도 영향을 끼치고 있지요.

반면에 아이를 키우는 것은 높은 효율성과 생산성과는 거리가 먼 일입니다. 오랜 시간이 걸리고, 많은 노력과 발품을 팔아야 하며, 어쩔 수 없이 시행착오를 경험할 수밖에 없는 구조입니다. 하지만 역설적으로 이런 비효율성 덕분에 아이 스스로의 자신에 대한 문제 인식을 가지게 되고 스스로 시도해 보려는 의지를 갖게 되며 문제 해결 능력을 기를 수 있습니다.

아이의 뇌는 양육자의 정서 신호에 민감하게 반응하도록 설계되어 있습니다. 아이를 키우며 부모 자신의 마음 상태를 돌보는 일은 아이를 위한 안정적인 환경 조성에 핵심적인 부분이라고 할 수 있습니다.

마음이 단단한 부모가
아이의 마음을 키운다

어린 시절부터 ADHD를 가진 아이들을 꾸준히 추적 관찰한 연구가 있습니다. 어린 시절 ADHD 진단을 받은 사람은 성인기에 어떻게 살아가는지, 좋은 경과를 보이는 사람은 어떤 점 때문에 달랐는지 다룬 연구입니다. 결과를 보면, 양육자가 긍정적 양육 방식(칭찬, 지지, 격려 등)을 많이 사용하고 부정적 양육 방식(비판, 비난, 가혹한 처벌)을 적게 사용하면 ADHD 아이가 성인기에 더 높은 직업적 안정성, 정서적 안정을 갖는다고 합니다. 따라서 아이의 ADHD 증상을 잘 치료하는 것만큼이나 부모 또한 많은 노력이 필요한 것은 틀림없는 사실입니다.

사실 이런 모든 내용은 이미 여러 양육서에 다 나오는 내용입니다. 부모 역시 좋은 양육자가 되고 싶기 때문에 아이의 미래를 위해서 많은 노력을 기울입니다. 양육서에 나오는 대로 "아, 그렇구나." 하고 공감의 대사도 연습하기도 하고, 아이가 마음 같지 않아 화가 많이 날 때도 있지만 꾹 눌러 담고 있다가 어느 순간엔 화가 터져 나오기도 합니다. 아이에게 화를 내지 않고 칭찬하려고 노력은 하지만, 말은 "아, 그렇구나." 하면서도 사실 마음은 하나도 공감이 되지 않을 때가 있습니다. 그런 순간 아이는 뭔가 불만족스러운 표정을 짓고, 부모는 스스로 억지로 감정을 만들어 내는 노동을 하고 있는 듯한 피로감을 느끼게 됩니다. 양육이 참 억지 감정 노동 같다는 생각이 들기도 합니다.

부모인 우리는 어떻게 형식적인 공감이 아닌, 마음에서 우러나

오는 공감과 칭찬을 할 수 있을까요? 또 아이와 부모 관계를 신뢰가 넘치고 편안하게 회복할 수 있을까요? 힘든 육아 속에서 어떻게 즐거움과 보람을 되찾을 수 있을까요?

✤ 아이의 강점을 찾고 살려 주기

너무나 당연한 말이지만, 사람은 누구나 장점과 단점을 동시에 가지고 있습니다. ADHD 아이들은 부주의한 실수나 충동적 행동으로 지적받는 일이 많습니다. 하지만 ADHD 아이들 각각에게는 장점이 있습니다. 대표적인 장점은 창의성, 과몰입, 과감한 추진력 등입니다. 그리고 이를 통해 큰 성공을 경험할 잠재력이 있지요.

대표적인 ADHD인으로 일론 머스크가 있습니다. 머스크는 아주 어릴 때부터 까다로운 기질의 아이로, 울어도 잘 달래지지 않았고 잠도 별로 안 자고 밥도 잘 안 먹는 아이였습니다. 그는 어릴 때부터 새로운 것을 탐험하거나 해 보지 않았던 것을 경험하는 것을 좋아했습니다. 반면에 관습적이고 지루한 일은 견디기 힘들어했지요. 고등학교에서도 적응이 어려워 전학을 가기도 했습니다. 하지만 과몰입 경향이 있어서 11살에 처음 컴퓨터를 접하고 프로그래밍을 독학으로 마스터하기도 했습니다. 새로운 것에 대해 거부감이 적어 신기술을 적극적으로 도입하기도 했지요. 인터넷을 이용한 효율적인 전자 결제 시스템(페이팔), 우주 개척 및 우주 여행(스페이스X), 전기 자동차와 자동 운전을 통한 새로운 운송수단(테슬라) 등 여러 기업과 다양한 곳에 관심을 두고 거침없이 새로운 분야에 도전하고 성공을 일궈 냅니다. 어찌 보면 이 성공은 ADHD가 가진 창의력, 자극 추구 성향, 과몰입 덕분이라고 볼 수 있습니다. 일론 머스크 외에도 많은 기업인, 예술가, 방송 및 언론인, 운동선수, 정치가 등이 각자의 자리에서 빛나게 살아가고 있습니다.

ADHD 아이의 장점을 찾아 주기 위해 필요한 것은 관찰 및 관점 전환, 기회 부여입니다. 관찰 및 관점 전환은 아이 행동을 편견 없이 사실적으로 관찰하고 그 행동에 대해 새로운 가치를 부여하는 것을 말합니다. 아이가 장난감을 설명서와 다르게 가지고 놀거나, 다른 방식으로 블록을 조립했다고 하면, 여기에 이름을 붙여 주는 것입니다.

"설명서 없이 새로운 것을 조립한 건 굉장히 창의적인 모습이야. 아빠는 그렇게 생각해 보지 못했는걸? 다현이의 창의성 때문에 블록의 쓰임새가 더 생긴 것 같아. 이걸 다현이의 창의 로봇이라고 불러 보면 어때?"

이렇게 말로 명명해 주는 것입니다. 다음 단계는 기회 부여입니다. 아이의 강점에 판을 깔아 주는 것이죠. 일주일에 한 번 아빠와 함께 블록을 가지고 좀 더 창의적인 것을 만들어 보기를 제안할 수도 있고, 블록 놀이 영상을 찍어서 게시해 보는 것도 좋은 방법입니다.

아이의 강점을 가정에서 펼쳐 볼 기회를 주는 것도 좋습니다. 영상 제작과 편집에 강점을 가지고 있는 아이라면 2주간 찍은 가족 사진으로 가족을 위한 영상 편집을 맡겨 볼 수 있습니다. 한 주제에 연구를 몰두하는 아이라면 일주일에 한 번씩 가족들 앞에서 강의를 하도록 하는 것도 좋은 방법입니다.

물론 이렇게 무엇인가 역할을 부여하거나 새로운 일을 맡게 되는 것에 대해 거부감을 느끼는 아이도 있습니다. 이런 경우에는 조금 더 기다려 주거나 아이가 좋아할 만한 보상을 사용해 보세요.

강점을 가진 분야에 대해 적절한 기회나 역할을 주는 것은 지속적이고 꾸준한 기량 향상에 도움이 됩니다. 지금까지 매번 좌절하고 꾸중을 듣는 데에 익숙했던 ADHD 아이도 성취감을 느끼고, 부모 역시 칭찬할 일이 더 많아질 수 있습니다. 억지로 긍정적으로 생각하거나 억지 칭찬을 하라는 이야기가 아닙니다. 부모가 ADHD 증상이나 ADHD 아이를 바라보는 관점이 바뀌면 아이도 자기 자신을 바라보는 관점이 달라집니다. '나는 문제만 가지고 있는 사람이 아니라 충분히 해낼 수 있는 사람이기도 하다.' 이런 마음이 커지면서 아이는 더욱 성장합니다.

✤ 스스로의 몸과 마음을 돌보기

자녀 양육은 어찌 보면 24시간, 365일 쉬지 않고 크고 작은 문제를 해결해야 하는 일입니다. 길게 보면 20년은 가는 초장기 마라톤과 같아요. 부모는 자신을 돌보는 시간을 늘 우선순위에서 미루기 마련입니다. 하지만 육아라는 마라톤을 완주하기 위해 몸과 마음을 돌보는 시간을 부모님들에게 진심으로 권하고 싶습니다.

1. 균형 잡힌 식사와 운동, 수면을 유지하기
적어도 하루에 7시간 이상은 수면을 취하고, 식사는 하루 두 끼 이상 먹도록 해 주세요. 특히나 과도한 카페인, 음주는 피하는 것이 좋습니다. 운동은 일주일에 세 번 정도 가볍게 걷는 산책이라도 해 주세요.

2. 신체 변화를 감지하고 건강을 유지하기
중년으로 넘어가면서 건강은 예전 같지 않을 겁니다. 주기적인 건강검진을 받고 몸이 좋지 않다면 다음으로 미루지 말고 꼭 진료를 보도록 하세요.

3. 친밀한 관계를 유지하기
배우자나 친구, 가족과 좋은 관계를 유지하세요. '이런 말은 남이 들으면 어떻게 생각할까?'와 같은 걱정이 들지 않은 사람이야말로 가장 친밀하고 좋은 관계입니다. 수다를 많이 떠는 것은 정신 건강에 도움이 됩니다.

4. 나 자신과 내 감정을 소중히 여기기

내 감정을 들여다보는 것은 결국 관계를 지키는 중요한 부분이 됩니다. 무조건적인 희생이나 인내가 좋은 것은 아닙니다. 한 사람으로서의 나 자신의 존엄을 스스로 지켜야 합니다.

5. 아이에게 해 줄 수 있는 것에는 한계가 있다는 것을 인정하기

우리의 삶에서 모든 것에는 제한이 있습니다. 부모의 무능이나 게으름과는 관계가 없습니다. 아이에게 한계를 설명하고 제한된 시간, 에너지, 자원 안에서 최대한 뜻을 펼쳐 볼 수 있도록 격려해 주세요.

6. 모든 잘못을 내 탓으로 돌리지 않고 삶의 불확실한 부분이 있다는 것을 인정하기

우리는 여행을 가기 전에 계획을 세우지만, 모든 것이 계획대로 되는 여행은 없고 많은 부분은 우연에 의해 결정되기도 합니다. 삶은 하나의 여행이기도 합니다. 돌발 상황이 일어났을 때 너무 상심하거나 자책하지 않으시길 바랍니다. 내일은 날씨가 좋아질 수 있습니다.

7. 아이들이 커 갈수록 아이 스스로 결정하고 책임지도록 부모의 권한을 줄이기

아이들은 성장하면서 부모의 생각에 의문을 갖고 자신의 의견을 관철하고자 하게 됩니다. 매우 자연스러운 일입니다. 부모의 경험과 지식으로 틀리게 보일지라도 아이가 결정하고 그에 대한 결과도 감당하도록 해 주는 것이 책임감과 주도성 형성에 중요합니다.

8. 타인에게 배우거나 도움 요청하는 것을 주저하지 말기

부모인 우리 역시 모르는 것이 많을 수 있습니다. 내가 힘들거나 잘 모르는 것이 있다면 부끄러워할 필요 없이 주변에 도움을 요청하고 배우는 자세가 필요합니다. 설령 그게 자녀에게 배우는 것일지라도 말입니다.

9. 타인과 사회에 대해 도움을 되돌려주기

우리는 타인과의 관계를 통해 성장하는 존재입니다. 그동안 일이나 가정에서 경험한 시행착오와 다른 이들에게 받았던 조언들은 내가 성장하는 데 발판이 되었습니다. 그동안 경험하며 축적된 지식과 노하우를 타인에게 전수해 주는 것은 궁극적으로 우리 아이들을 위한 일이기도 합니다. 이는 중년의 중요한 발달 과제이자 삶의 의미를 확장해 가는 과정입니다.

완벽한 부모 대신
함께 성장하는 부모가 되어 주세요

"나도 부모가 처음이라서 그래, 서툴러서 미안해."

아이를 키우는 부모의 일상은 녹록지 않습니다. 직장에서 맡은 일은 당연히 해내야 하고, 윗사람 눈치는 기본이고 후배도 키워야 합니다. 늙어 가는 부모님도 챙겨야 하고 아이도 잘 돌봐야 합니다. 동료들이나 친구들을 보면 나는 왠지 뒤처지고 있는 듯한 조바심이 날 수 있습니다. 해야 할 일도 참 많고 어느 하나 중요하지 않은 것이 없습니다. 아이가 스스로 잘해 주면 너무 고마운 일이지만 그렇지 않을 땐 아이의 모습이 마치 나의 성적표 같이 느껴지지요. 부모 역시 아이와 같이 많은 압박감을 받으며 살아가고 있습니다.

과거에는 성인이 되면 더 이상 심리적 성장이나 변화가 없다고 생각했습니다. 사람들은 "사람은 고쳐 쓰는 게 아니야, 변하지 않아."라는 말을 자주 하지요. 하지만 시대는 바뀌었습니다. 이제 평균 수명은 100세를 향해 가고 있습니다. 우리는 한평생 한 가지 일만 하며 살지 않는 시대에 살고 있습니다. 직업도 여러 번 바뀝니다. 그 과정에서 여러 사람을 만나고, 과거에는 경력자였지만 새로운 직장에서는 새내기가 되기도 합니다. 결혼도 여러 번 하게 될 수도 있지요. 많은 경험을 통해 사람은 평생 성장하는 존재입니다.

가족이라는 관계도 마찬가지입니다. 부모 역시 나이를 먹어 가면서 새로운 상황과 역할을 마주하게 됩니다. 같은 관계이지만 시간에 따라 관계의 질이 달라지기도 합니다. 나의 부모님과의 관계도 그렇습니다. 현재 중년에 서 있는 우리는 돌봄을 받기보다는 돌봄을 주는 일이 점점 더 많아집니다. 배우자와의 열정적인 사랑은 점점 안정적인 파트너십으로 바뀌어 가는 시기이기도 합니다. 영유아 시기 부모에게 절대적으로 의존했던 아이들이 학교를 진학하고 친구를 사귀며 점점 부모에게 의존하는 일이 줄어듭니다. 한편으로는 반갑기도 하고 한편으로는 아쉬운 부분이 있을 겁니다. 이렇게 부모 역시 시시각각 변화하는 환경과 역할을 마주합니다. 그렇기에 매 순간 준비되어 있을 수 없습니다. 완벽한 부모라는 것은 애초에 불가능한 일일지도 모릅니다. 혹시 우리는 부모 역할을 지나치게 이상화하고 있는 건 아닐까?

아이의 잘못은 모두 부모의 문제일까요? 그렇지 않습니다. 아이는 태어나는 순간부터 점점 부모에게 의존하는 부분이 줄어들고 있습니다. 학교에 가면서 부모 외에 친구들, 선생님, 사회적 분위기 등에 영향을 받게 됩니다. 부모는 아이가 접하는 환경 구성에 중요한 부분인 것은 맞지만 유일하고 절대적인 영향을 주는 존재는 아닙니다.

양육이 항상 즐겁고 행복한 일일까요? SNS에 올라오는 행복해 보이는 사진, 영상들을 보면 다른 아이들과 부모들은 늘 잘 지내는 것처럼 보이지 않나요? 하지만 SNS에서 보여지는 행복한 자녀와 부모는 전체 시간에서 한 조각일 뿐이고, 아름다운 한 장면을 위해서 실제 욕조 한 가득 땀과 눈물이 바탕에 자리할 수 있습니다. 아이와 좋은 시간을 보내기 위해서는 그만큼 사전에 많은 시간과 교감이 있어야 합니다.

부모는 아이를 위해 모든 것을 희생하고 바쳐야 할까요? 그렇지 않습니다. 부모 역시 자신의 삶이 있고 존중받아야 할 감정이 있습니다. 부모가 자신의 존엄을 스스로 지키는 것은 매우 중요한 부분입니다. 아이 앞에서 부모가 권위를 지나치게 내려놓고 희생만을 하는 것이 궁극적으로 부모와 자녀 간의 관계를 망칠 가능성이 큽니다. 부모 자신의 감정을 소중히 여기고 잘 들여다보길 바랍니다.

아이에게 완벽한 환경을 제공하지 못해서 마음이 불안하고 불편한가요? 조금 부족하고 모자란 부분이 있어도 괜찮습니다. 부족한 부분이 한 개인에게는 성장의 원동력이 됩니다. 자신의 부족한 부분을 차츰 보완해 나가면서 성취감을 느낄 수 있고, 자신이 점점 나아진다는 느낌은 자기효능감의 원천이 됩니다. 부모로서 아이에게 완벽한 환경을 제공하지 못하는 것 같고, 아이가 결핍을 느끼는 건 아닌지 자책하고, 아이가 주눅 들까 봐 불안해할 필요는 없습니다. 오히려 요즘 말하는 완벽한 육각형 부모 밑에서 자라다 보니 실패가 부담스러워 아무것도 시도하지 못하는 아이들도 있습니다. 아이가 크게 상처를 입지 않을 만큼의 '적당히 괜찮은 부모'로 존재해도 충분합니다.

에필로그

부모의 사랑이
아이의 내일을 키운다

　부모의 삶에는 의무가 참 많습니다. 직업적, 사회적으로 많은 의무를 해내야 합니다. 가정에서도 식구들과 아이를 돌보는 일은 행복하지만 그만큼 큰 의무감과 부담감을 동반하는 일입니다. 특히 아이가 어릴수록 양육자로서 책임감도 큽니다. 아이의 지속적인 요구를 충족시켜 줘야 하기에 부모의 마음은 늘 '해야 한다.'라는 생각으로 가득합니다.

　이 글을 쓴 저희들 또한 크게 다르지 않습니다. 평일 내내 업무에 쫓겨 지내다 주말이 되면, 아이와 함께 유익하고 의미 있는 활동을 해야 한다는 압박이 있었습니다. 그런데 유익한 활동을 열심히 찾아서 준비해도 정작 아이가 흥미를 보이지 않기도 하고, 너무 유명한 곳이라 사람에 치여 진만 빠지고 집으로 오는 날이 많았습니다. 그러던 어느 주말, 아이와 집에 멍하니 있다가 그림을 그린 적이 있습니다. 아이가 혼자서 스케치북에 색칠하는 동안 저는 저대로 작은 그림을 색칠했습니다. 참 오랜만에 아이 덕분에 함께 그림을 그려 보았습니다. 그림을 그리면서 머릿속을 복잡하게 만드는 현실적인 고민을 잠깐이나마 잊을 수 있었습니다. 아이는 자기가 그린 그림이 마음에 드는지 책상 위에 걸어 두었습니다. 그날 밤 아이를 재우고 침대에 누우니 아이가 그림 그리기에 열중하는 모습이 떠올라 피식 웃음이 나왔습니다. 제가 생각했던 것보다 아이의 그림 실력이 늘어 그새 또 많이 컸구나, 생각하기도 했습니다. 주말이 끝나고 다시 월요일을 맞이할 생각에 마음이 편치는 않았습니다. 하지만 무겁던 마음이 한결 가벼워진 기분이었습니다. 계획하지 않은 시간이지만 함께 그림을 그리며 아이가 좀 더 귀엽고 사랑스럽게 느껴졌습니다.

아이를 키우면서 가장 힘든 일은, 세상의 속도와 아이 고유의 속도만큼의 차이 안에서 부모가 조율자 역할을 해야 한다는 데 있습니다. 그래서 늘 이상과 현실 사이에 무거운 책임감을 느끼고 살아갑니다. 하지만 가끔은 아이와 별다른 목적 없이 온전히 즐거운 시간도 필요합니다. 어찌 보면 아이들이 원하는 기쁨은 대단한 노력이나 돈이 드는 일은 아닐 겁니다. 부모가 아이를 키우면서 느끼는 기쁨과 행복도 아이의 대단한 성취에서 오는 것은 아니라고 생각합니다. 기쁨과 행복은 아주 일상적이고 우연한 장면에서 만나게 되는 것이 아닐까요?

《가장 완벽한 ADHD 양육 가이드》라는 제목을 처음 들었을 때 저희 네 명은 자연스레 마음이 비장해졌습니다. '완벽한'이라는 단어가 주는 무게감 때문이었습니다. 독자들에게 정말 필요한 책을 만들기 위해 더 큰 책임감과 사명을 품어야겠다는 다짐을 하게 됐습니다.

사실 이 책을 처음 기획하게 된 것은 저희 네 명이 모두 스스로 ADHD라고 생각하기 때문이었습니다. 대화를 시작하면 서로 멈추지 못하고 오디오가 겹치는 상황이 빈번했지요. 미루기가 일상이라 할 일을 제시간에 끝내지 못한 적도 참 많았습니다. 수많은 시행착오와 전문의 수련을 통해서 직업적으로 많이 성장했지만, 일상생활에서, 그리고 아이를 키우는 부모로서는 정말 많은 허점들이 있었습니다. 그런 서로의 모습을 공유하고 나누다 보니, 자연스럽게 '진짜 실생활에 필요한 가이드북'을 내야겠다는 생각까지 다다르게 되었던 것입니다.

책을 기획하고 글을 쓰고 책이 출간되어 나오기까지 모두 같은

'소아정신과 전문의'라는 타이틀을 가졌음에도 저희는 정말 각양각색이었습니다. 하지만 각자의 성향과 방식에 따라 다른 내용을 맞춰 가고 또 조율했습니다. 그렇기에 더욱 '완벽'에 가까운 책이 나올 수 있었던 것이 아니었나 싶습니다.

《가장 완벽한 ADHD 양육 가이드》는 역설적이게도 전혀 완벽하지 않은 네 명의 손에서 완성되었습니다. 책을 완성하면서 다시 한번 깨달은 것은 완벽한 사람은 없다는 사실, 그리고 완벽한 부모도, 완벽한 아이도 없다는 것입니다. 우리는 완벽할 필요는 없지만 함께 온전할 수 있습니다. 이 책이 부디 아이와 부모가 서로를 온전히 채워 주는 데 도움이 되길 바랍니다.

무겁고 후덥지근했던 여름이 지나 새벽의 시원한 공기가 피부를 스쳐 지나갑니다. 계절의 변화는 처음에는 아주 미묘하게 시작하기에 감각을 열고 느끼지 않으면 알기 힘듭니다. 하지만 어느 순간에는 가을이 왔음을 분명히 느낄 수 있습니다. 변화는 언제나 이렇게 아주 작고 미세하게 시작됩니다. 아이가 변하는 것을 보고 싶으신가요? 그렇다면, 이제 조금 더 편안한 마음으로 아이를 바라봐 주세요.

2025년 가을,
박소영·조성우·고민수·김병욱
네 명의 소아정신과 의사 올림

부록

약물치료, 두려움보다 이해가 먼저입니다

ADHD로 진단을 받고 나서도 가장 고민스러운 부분이 아마 약물치료에 관한 부분일 겁니다. '과연 약물치료 말고는 방법이 없는 것일까?', '약을 먹고 부작용은 없을까?', '약을 언제까지 먹어야 할까?' 등 다양한 궁금증이 들 수 있습니다. 약에 대한 거부감 때문에 약물 복용은 미루고 싶으신 분들도 있을 겁니다. 정신과적 약물치료에 대한 오해를 가려내고 ADHD 치료 약물에 대해 정확한 정보를 기반으로 심사숙고한다면 아이에게 도움이 되는 현명한 결정을 내릴 수 있습니다.

ADHD에서 약물치료를 권하는 기준

ADHD 아동의 행동과 증상에는 생물학적, 심리적, 환경적 요인이 작용합니다. 하지만 가장 중요한 원인은 생물학적 요인으로, 즉 뇌의 기능적 문제입니다. 뇌의 기능적 문제를 개선하는 가장 효과적인 치료 방법은 바로 약물치료입니다. 현재까지의 연구 결과를 종합하면 비약물치료와 약물치료를 병행했을 때 아동들의 증상 개선 효과가 가장 좋은 것으로 입증됐습니다. 미국 교육부와 국립보건원의 공동 연구 결과에 따르면 행동치료만 단독으로 시행했을 때 34퍼센트의 아이들이 호전을 보였으며, 약물치료 단독으로 56퍼센트의 아이들이 호전을 보였습니다. 그리고 약물치료와 행동치

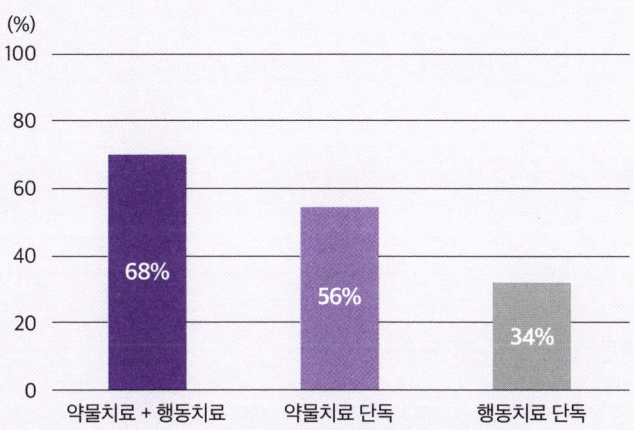

ADHD 아동의 치료 방법별 성공률
미 교육부·국립보건원 공동 연구(2002): 14개월 후 치료 성공률

료를 병행했을 때 70퍼센트의 아동이 증상 호전을 보였습니다.

또한 여러 정신과적 증상 및 질환 중에서도 소아청소년기 나타나는 ADHD 증상에 약물치료가 가장 좋은 반응을 보이는 것으로 나타났습니다. 약물치료의 효과를 0~1 사이의(0: 효과가 적은, 1: 효과가 큰) 수치로 나타내는데, 소아 ADHD의 경우 정신자극제를 복용했을 때 약물치료 효과가 0.7~0.8 정도로 나왔으며 이는 매우 효과적이란 의미입니다. 성인 ADHD의 경우에는 이 수치가 0.6~0.7 정도로, 소아 ADHD에 비하면 효과가 덜한 편입니다. ADHD는 다른 정신과적 질환에 비해 약물치료의 효과가 높은 질환에 속합니다. 우울 장애의 경우 약물치료의 효과가 0.6 정도이며, 치매와 같은 신경 퇴행성 질환의 경우 약물치료의 효과가 0.3 정도로 크게 떨어지는 편입니다. 종합해 보면, 아동 ADHD 증상을 치료하는 데 약물치료는 다른 치료에 비해 효과적이며 필수적인 부분입니다. 약물치료는 증상이 심할 때만 시행하는 것이 아닌 가장 효과적이고 기본적인 치료 방법입니다.

ADHD 약물의 효과

뇌에는 860억 개의 뉴런(뇌세포)이 존재하며, 이 뉴런들이

1,000조 개의 연결(시냅스)을 형성하며 기능하고 있습니다. 뉴런과 뉴런 사이, 시냅스에는 신경전달물질이 신호 전달을 담당합니다. 신경전달물질은 사고, 감정, 행동, 동기, 생리적 조절 등 인간의 다양한 신체적, 심리적 행동을 조절하는 역할을 수행합니다. 이런 신경전달물질에는 수십 가지의 종류가 있습니다. 보통 한 가지 신경전달물질이 여러 가지 기능을 수행하고 있기 때문에 특정 질병을 단일 신경전달물질로 완벽하게 설명하기는 어렵습니다.

그중에서도 ADHD의 증상에 관여하는 중요한 신경전달물질은 '도파민'과 '노르에피네프린'입니다. 도파민은 보상, 충동성, 식욕, 공격성, 기분, 동기부여 등의 기능을 하며, 노르에피네프린은 에너지, 흥미, 불안, 자극 추구 경향 등과 연관되어 있습니다. ADHD를 가진 사람은 이런 신경전달물질의 분비가 불균형하다고 보고 있습니다. ADHD 치료 약물은 부족한 신경전달물질의 기능을 높이는 방법으로 증상을 개선합니다.

이런 신경전달물질은 시냅스 사이에서 순간적으로 분비되고 또 분해되는데, 그 시간은 매우 짧습니다. ADHD 치료 약물은 신경전달물질의 분해를 늦춰서 신경전달물질이 좀 더 오랫동안 작용할 수 있게 해 줍니다. 따라서 ADHD를 가진 아동은 강화된 신경전달물질을 통해 자신의 억제력을 좀 더 발휘해 과잉활동성, 충동성을 스스로 조절할 수 있는 능력이 증가합니다. ADHD 치료 약물은 다음 핵심적인 세 가지 증상을 개선합니다.

❶ 집중력 유지 시간과 강도 증가

과제나 공부를 훨씬 효과적이고 효율적으로 수행할 수 있게 됨을 의미합니다. 예를 들어 약물치료 전에는 숙제하는 데 시간이 너무 오래 걸렸다면 치료 후에는 그 시간을 단축할 수 있습니다. 결과적으로 아이가 똑같은 노력을 했을 때 완성도가 향상되어, 스스로 성취감을 느끼게 됩니다.

집중하기 어려워하던 아이에게 쉽게 주의가 산만해지고 부산스러운 모습보다 차분하고 집중하는 모습이 늘어나는 변화가 나타납니다. 그래서 가정과 학교에서 받는 부정적 피드백이 줄어듭니다.

❷ 과잉 활동성 감소

ADHD 아이들에게 가만히 앉아 있는 것은 아주 힘든 일입니다. 약물치료를 통해 주변의 자극이나 내적 자극을 조절할 힘이 증가하면서 한결 편안하게 생활할 수 있습니다. 다른 사람들도 아이를 보며 "아이가 차분해졌다.", "그 사이에 많이 큰 것 같다."라는 말을 자주 합니다.

과잉활동성이 줄어들면서 그동안 자주 들었던 지적이나 부정적인 피드백이 줄어들고, 부상이나 사고의 위험도 줄어듭니다.

❸ **충동성 감소**

ADHD 아이들은 충동성 때문에 무언가를 기다리는 것이나 좌절을 견디는 것을 매우 힘들어합니다. 약물치료를 통해 현재의 욕구를 지연하는 능력이 점차 커지면서 참고 기다리는 것이 비교적 수월해집니다. 정서적인 충동성은 감정 기복으로 나타나 화, 짜증, 공격성을 보이게 되는데 약물치료가 이런 증상을 줄여 줍니다. 충동적인 말과 행동이 감소하게 주변으로부터 부정적 피드백을 받을 가능성도 줄어듭니다.

다른 사람의 말을 주의 깊게 듣지 않아 자주 혼나거나 대화에서 이탈하던 아이가 약물치료를 통해 좀 더 조리 있게 말하게 되면서 의사소통이 원활해지기도 합니다. 정리 정돈이 어렵고 늘 물건을 잘 잃어버리는 아이가 약물치료를 통해 정리 정돈과 물건 간수를 잘하게 된 경우도 있습니다. 시간을 잘 맞추지 못하고 학원에 늘 지각을 하거나 과제 수행이 느려 시간 내에 끝내기 어려워했던 아이가 약물치료를 통해 약속 시간을 지키기 쉬워지고 과제를 시간 내에 끝내는 빈도가 높아지기도 합니다. 숙제를 하기 위해서는 열 번을 말해야 겨우 들을까 말까 했던 아이의 지시 순응도가 증가해 서너 번 만에 말을 듣는 모습을 보이기도 합니다.

ADHD 약물의 종류

ADHD 치료 약물은 작용 기전에 따라 크게 정신자극제와 비자극제로 분류됩니다. 정신자극제는 신경전달물질 중 도파민의 기능을 촉진하여 각성 수준을 올려 주는 약입니다. 그래서 '자극제'라고 분류합니다. 이런 자극제에는 암페타민amphetamine 성분과 메틸페니데이트methylphenidate 성분이 있는데, 한국에서는 메틸페니데이트 성분이 식약처의 허가를 받았고 처방 및 복용할 수 있습니다.

메틸페니데이트(성분명)

약물의 형태, 방출기전, 지속 시간에 따라 여러 종류가 있으며 현재 한국에서는 세 가지 약물을 사용할 수 있습니다.

① 페니드(상품명): 약효 지속 시간이 4시간 정도로 가장 짧은 약물입니다. 개발된 지 오래된 약물이지만, 하루에 세 번 복용해야 한다는 단점으로 다른 약물이 더 많이 쓰이는 편입니다.

② 메디키넷(상품명): 약효 지속 시간이 8시간 정도인 캡슐형 약물입니다. 캡슐형 제형이라 삼키기 어려운 경우 캡슐을 개봉하여 요구르트나 주스 등에 뿌려 함께 복용할 수 있습니다. 아이들의 경우 알약을 먹기 어려워하기 때문에 오히려 더 복용이 편하다는 이점이 있습니다. 또한 약물의 지속 시간이 짧

아서 불면, 식욕 저하와 같은 불편감을 별로 겪지 않아 선호하는 경우도 있습니다.

③ 콘서타(상품명): 약효 지속 시간이 12시간 정도인 알약입니다. 알약 자체가 12시간 동안 꾸준히 분비되게 만들어져 있는 특성을 가지고 있어서 분할하거나 가루로 먹어서는 안 됩니다. 따라서 알약을 통째로 삼키기 어려운 아동은 복용할 수 없다는 단점이 있습니다. 한번 복용하면 12시간 동안 꾸준히 효과가 나타나기 때문에 학교뿐 아니라 학원, 가정에서도 증상이 개선되는 모습을 관찰할 수 있습니다.

아토목세틴(성분명)

비자극제로 아토목세틴 atomoxetine 은 노르에피네프린와 같은 신경전달물질의 기능을 촉진하여 주의집중력을 향상시킬 수 있습니다. 과거 같은 성분의 약이 우울증 약물(항우울제)로 쓰였는데, 치료 경과에서 주의 집중력 증가가 보여 ADHD 치료제로 허가를 받았습니다. 이 약물은 효과를 보기 위해 3~4주 이상의 시간이 걸리는 편입니다. 효과를 보는 데 시간이 오래 걸리지만, 1일 1회 복용으로도 12시간에서 24시간 정도까지 약물 효과가 유지된다는 장점이 있습니다. 정신자극제와 달리 불면, 식욕 저하와 같은 부작용이 더 적습니다. 각 가정의 생활 환경이 다르기 때문에 아침에 ADHD 약물을 복용하기 어려운 경우에도 복용할 수 있다는 장점이 있습니다.

클로니딘(성분명)

노르에피네프린 수용체를 조절하는 기전입니다. 이 약물은 교감 신경 항진을 줄여 주는 역할을 하는데, 특히 과잉활동성, 충동성, 공격성 등의 눈에 띄는 문제행동을 줄이는 데 도움이 됩니다. 다만 잠을 유발하는 특성이 있습니다. ADHD에서 1차 치료제로 쓰이기보다는 다른 ADHD 치료제가 효과가 별로 없을 때 병합하여 쓰이는 편입니다.

ADHD 치료 약물 외에도 다른 정신과적 약물치료를 병행해야 하는 경우가 있습니다. 공존 질환이 많기 때문입니다. ADHD 아이 중 60퍼센트 정도는 우울 장애, 불안 장애, 틱 장애, 행동 장애, 학습 장애, 인지 발달 문제 등을 함께 가지고 있습니다. 이런 공존 질환은 다양한 증상을 유발하기 때문에 경과에 영향을 많이 줍니다. 학교 적응, 친구들과의 관계, 가정 안에서 일상생활, 부모-자녀 관계 측면에서 부정적 영향을 줍니다. 그리고 현재의 증상뿐 아니라 미래 경과에도 부정적인 영향을 줍니다. 따라서 공존 질환을 치료하는 것은 매우 중요합니다.

공존 질환을 치료하기 위해 ADHD 치료제 외에 다른 약물을 처방하기도 하며, 비약물치료도 병행할 수 있습니다. 약물치료로는 항우울제, 항불안제, 항정신병약물, 기분조절제 등을 증상과 상황에 맞게 복용할 수 있습니다. 또한 비약물적 치료로는 언어 치료, 작업 치료, 심리 치료, 부모 코칭, 집단 사회성 훈련 등이 있습니다. 치료 방법은 아이의 개별적인 상황에 따라 다르니 꼭 주치의와 면밀히 상의하여 결정하길 바랍니다.

ADHD 약물치료에 관한 흔한 오해

✚ 약을 먹으면 아이가 얌전해진다?

약물치료에 대한 흔한 오해 중 하나는, 약물이 아이를 가라앉히고 조용히 만드는 약물이라는 것입니다. 그래서 아이가 ADHD 치료 약물을 복용한 후 너무 조용해졌고, 아이답지 않은 모습을 보인다며 안타까워하는 부모님들이 있습니다. 그렇지만 ADHD 치료 약물은 아이를 단지 조용하게만 만드는 약물이 아닙니다. 그동안 아이에게 부족하게 작용하고 있던 신경전달물질을 더 높여 줘서, 아이 자신이 상황에 맞게 스스로 조절하고 통제할 수 있도록 돕는 역할을 하는 것입니다.

✤ ADHD 약물이 아이의 창의성을 저하한다?

흔히 ADHD는 창의성이 있다고 이야기합니다. 창의성에 관여하는 요인 중 발산적 사고는 생각을 펼치는 능력을 말하는데, 쉽게 말하면 브레인스토밍brain storming을 하는 능력이라고 할 수 있습니다. 몇몇 연구에서 ADHD를 가진 사람은 발산적 사고를 많이 하는 경향이 있다고 합니다. 또 같은 도구를 다른 방식으로 사용하는 경향도 있다고 합니다.

하지만 창의성은 순간적인 아이디어를 만드는 능력에서 그치는 것이 아니라 아이디어를 구현하고, 그것을 실행할 수 있는 계획을 짜서 구체화하며, 실행을 통해 아이디어를 수행하는 끊임없는 과정이 필요합니다. 그래서 때로는 창의적이고 좋은 아이디어가 떠올라도 ADHD 증상으로 인해 창의적인 아이디어를 실제로 구체화해 실행에 옮기고 마무리 짓는 것은 힘들 수 있습니다. "구슬이 서 말이라도 꿰어야 보배다."라는 말이 있지요. 상상의 나래만 펼치고 실제 자기 것으로 만들지 못한다면, 창의성이 아니라 공상으로 끝날 가능성도 있는 것입니다.

ADHD 치료 약물은 창의성에 어떤 영향을 줄까요? ADHD 치료 약물, 그중에서 정신자극제(메틸페니데이트류, 암페타민류)의 영향에 대해 소수의 연구가 있습니다. 결과를 보면 정신자극제를 복용하면 발산적 사고가 줄어들고 수렴적 사고가 증가한다는 연구가 일부 있습니다. 다양한 생각 자체는 줄어들고, 대신에 효율적인 답을 찾는 사고는 증가한다는 것입니다. 이것을 보면 ADHD 치료 약물이 창의성을 줄인다고도 볼 수 있을 겁니다. 하지만 또 다른 설명으로는 ADHD 치료 약물이 실행 기능을 증가시켜서 아이디어를 구체화시키고, 실행력을 높이며, 마무리하는 능력을 증가시키기 때문에 꾸준하게 결과물을 내놓을 수 있다는 점에서는 창의성에 도움이 된다고 볼 수 있겠습니다.

실제로 병원에서 성인 ADHD로 진료받고 약물치료를 하는 많은 환자 중에는 웹툰 작가, 웹소설 작가, 인터넷 방송 크리에이터, 의류 디자이너 등 창의적 직업에 종사하는 사람들이 있습니다. 이런 분들의 상당수가 일의 마감을 맞추는 것을 힘들어했고, 단순히 마감에 늦을 뿐 아니라 스트레스로 인해 연락을 두절하고 회피해 버리는 등의 문제로 편집자나 중간관리자와 갈등을 겪었습니다. 이런 환자분들 중 상당수가 ADHD 치료 약물을 복용하고 나서 마감을 맞추는 것이 수월해졌고 부차적인 문제들도 많이 줄어서 전보다 생활이 편해졌다는 이야기를 하곤 했습니다.

ADHD와 창의성 그리고 약물 복용으로 인한 개인의 특성 변화는 단순하게 설명하기 어렵습니다. 게다가 약물치료는 눈에 보이는 심한 증상을 줄이고 부족한 기능을 보완해 주는 것이지 한 개인을 다른 인격체로 바꿔 주는 것은 아닙니다. 쉽게 말해 사랑스러운 아이가 약물을 복용했다고 해서 다른 아이가 되는 것은 아니라는 것입니다. 따라서 약물치료에 지나치게 두려움을 갖고 피할 필요는 없습니다.

약물 복용만으로 해결되지 않는 부분

물론 약물치료만으로는 해결되지 않는 부분도 있습니다. 현우의 사례를 소개하겠습니다. 15세 남학생 현우는 초등학교 때부터 수업 시간에 산만하다는 지적을 받곤 했습니다. 친구들과도 쉽게 친해지기도 했지만, 또 쉽게 싸우고 멀어지는 일도 많았습니다. 중학교에 올라와서는 툭툭 내뱉는 말 때문에 친구들과 선생님에게 많은 오해를 사며 갈등에 휘말리는 일이 잦았습니다. 현우에게 갈등 상황에 대해 물어보면 "기억이 잘 나지 않는다.", "잘 모르겠다."라고 대답해 가해자가 되는 경우가 많았습니다. 그런 현우의 마음속에는 억울함이 많이 쌓여 있었습니다.

학년이 올라갈수록 공부에 흥미를 잃으며 성적이 떨어졌고, 성적이 떨어지자 더 공부를 기피하게 됐습니다. 이 악순환 속에서 현우는 미디어와 게임에 점점 더 몰입하게 되었는데, 친구들과 사이가 안 좋아지자 함께할 친구가 없어져 점점 게임에서도 재미를 느끼지 못했습니다.

　친구 관계가 나빠지자 현우는 학교생활에 의미를 찾지 못하게 되었고, 일요일 밤이면 다음날 학교에 가는 게 걱정되어 스마트폰을 하다가 늦게 자고, 다음날 늦게 일어나 학교를 빠지거나 늦게 등교하는 일이 빈번해졌습니다. 부모님은 현우를 돕고 싶어 새로운 것을 배울 수 있도록 제안하기도 했습니다. 하지만 그마저도 3개월을 넘기지 못하고 금방 흥미를 잃어 그만두는 일이 반복되었습니다. 이제는 부모님도 현우를 어떻게 도와야 할지 오리무중에 빠졌습니다.

　현우는 정신건강의학과에 방문해 진료와 검사를 받았고, ADHD와 우울증이 의심되어 약물치료를 시행했습니다. 그리고 현우 부모님은 부모교육과 양육 상담을 받았습니다. 약물 복용 후 현우는 증상이 개선되고 친구들에게 오해를 살 만한 행동이 줄어서 전보다 학교생활이 수월해졌습니다.

　하지만 여전히 친구와 밀접한 관계가 어려웠고, 자신이 어떤 생각과 기분으로 사는지, 무엇을 좋아하는지 잘 알지 못했습니다. 또한 친구들에게 자신의 의사를 제대로 표현하는 것은 서툴렀습니다. 현우는 심리 상담과 치료를 병행하게 되었고, 그 결과 자신이 요리를 좋아한다는 것을 알게 되어 원하는 고등학교에 진학할 수 있었습니다. 고등학교 진학 후에는 취향이 맞는 친구들과 어울리며 부모님과의 관계에도 편안함이 찾아왔습니다.

이처럼 약물치료는 주의력, 과잉활동성, 충동성, 불면, 우울, 불안, 무기력, 감정 기복 등을 좋아지게 할 수 있습니다. 하지만 약물치료로 단기간에 해결되지 않는 부분도 있습니다. 친구 및 주변 사람들과의 관계에서 내가 어떻게 느끼고 표현할지, 또 내 행동에 다른 사람이 어떻게 반응하고 느낄지를 예측하는 능력, 그리고 낮은 자존감, 동기부여, 주도성 등은 약물치료를 통해 직접적으로 좋아지기 어렵습니다.

지금 이 책을 읽는 부모님들처럼 아이를 어떻게 효과적으로 도울 수 있을지 배우기 위해 부모교육을 받으면서 이를 실생활에 적용하는 노력이 필요합니다. 아이의 사회성을 개선하는 사회성 치료, 동반되는 정서적인 어려움을 해소하기 위한 심리 치료, 인지적 약점을 보완하기 위한 인지 치료 등이 필요할 수 있습니다. 그리고 단점을 개선하려는 노력만큼이나 개인의 강점을 찾기 위한 노력이 함께 병행되어야 더 많이 좋아질 수 있습니다.

약물치료는
더 나은 내일로 가기 위한 발판입니다

ADHD 치료 약물은 복용하는 동안에 증상을 조절하는 역할을 훌륭히 수행합니다. 하지만 단기간 약물치료를 한 후 중단하면 다시 증상이 시작되는 경우가 많습니다. 그래서 ADHD 약물치료를 아주 오래도록, 영원히 받아야 한다는 생각에 꺼리는 경우가 많습니다. ADHD 치료 약물이 아이를 근본적으로 변화시킬 수는 없는 걸까요?

다양한 연구를 통해서 ADHD 아이의 뇌는 정상 발달 궤도보다 조금 느리게 성장하는 특징이 드러났습니다. 연구자들은 뇌의 피질의 두께를 측정하거나 뇌의 피질하 구조물(해마, 편도체, 꼬리핵 등)을 비교하고, 기능적 MRI(fMRI)를 사용하는 등의 연구 방법을 통해 ADHD인 사람과 그렇지 않은 사람을 비교했습니다. 연구를 통해 발견한 ADHD 아동의 특징은 뇌의 피질이 3년 정도 더 늦게 발달하고[18], 피질하 구조물의 부피가 좀 더 작으며[19], 뇌의 기능성, 연결성이 떨어진다는 것이었습니다. ADHD 약물치료를 통해 이러한 뇌의 기능성이 회복된다는 연구 결과가 많습니다. 그리고 충분한 기간 ADHD 약물치료가 이런 발달의 지연을 '어느 정도' 정상화할 수 있다는 결과도 있습니다. 예를 들면 장기적인 약물치료 후 전

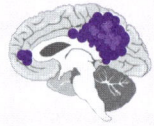 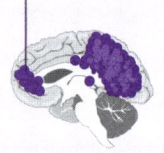 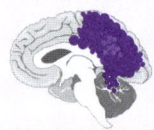

A : 정상 집단 B : ADHD 치료 후 증상 완화 집단 C : ADHD 지속 집단

치료에 따른 뇌 연결성의 차이[23]
뇌의 연결성(기능 수준)이 정상군과 비슷하게 회복되었다.

두엽 피질 두께가 정상군에 가까운 패턴을 보이는 연구가 있었고[20], 장기적 약물치료를 한 집단의 전두엽 피질 부위의 부피가 정상군에 가깝다는 연구 결과도 있었습니다.[21] 또한 뇌의 연결성이 회복됐다는 연구도 있습니다.[22]

약물치료의 부작용은 없을까?

약물치료가 ADHD 아이에게 많은 도움을 주는 것은 확실하지만 부작용을 간과할 수는 없습니다. 치료 약물을 복용했을 때 경험할 수 있는 다양한 부작용에 대처하는 방법을 알려 드리겠습니다.

흔히(5~20퍼센트) 나타나는 부작용은 두통, 복통, 식욕 저하, 수면 시간이 늦춰지는 현상 등이 있습니다. 이런 부작용은 초기에 일시적으로 나타날 수 있으며 시간이 지나면서 점차 적응되는 편입니다. 개인에 따라서 그 정도가 심하거나, 혹은 일시적이지 않고 수주 이상 지속된다면 약물을 감량하거나 다른 약물로 교체하는 방법도 있습니다. 또한 부작용을 경감하는 다른 약물을 추가할 수도 있습니다.

5퍼센트 미만 부작용으로는 구역질, 구토, 틱과 같은 운동 증상, 체중 감소와 성장 지연이 있습니다. 약물을 복용하고 틱 같은 증상이 생긴다는 분도 많습니다. 현재까지의 연구 결과로는 ADHD 치료약물이 틱을 유발하지 않는 것으로 결론이 났습니다. 개인마다 약물에 대한 감수성이나 약물에 대한 반응은 다르기 때문에 가능성이 전혀 없다고 말하긴 어렵습니다. 게다가 틱과 ADHD는 공통적인 유전적 요인을 가지고 있는 경우가 많아서 함께 나타나는 경우가 많습니다. 틱 증상이 나타난다면 증상의 심각도에 따라서 추가적인 치료 여부를 결정할 것을 권합니다.

정도가 심한 식욕 부진, 성장 지연도 드물게 있는 부작용입니다. ADHD 약물 중 정신자극제(메틸페니데이트) 계통의 약물은 식욕 저하를 일으키기 쉬운데, 보통 약효가 있는 점심 시간에 식욕 부진을 동반하며, 저녁 이후에는 다시 식욕이 돌아오는 편입니다. 아이에 따라서는 저녁 시간까지 식욕 부진이 지속되는 경우도 있습니다. 또한 식욕 부진으로 일시적인 성장 지연이 있을 수 있습니다. 하지만 대개 1년 후부터는 원래의 성장 궤도를 회복하는 것으로 나타났습니다.

약물에 대한 개개인의 감수성은 다를 수 있습니다. 효과와 부작용 측면을 살펴 담당 주치의와 상의하여 결정하는 것이 좋습니다. 진료 시 주기적으로 신장과 체중을 측정하고 이를 참조하여 약물의 용량을 조절할 수 있습니다. 또한 주말에는 약물 복용을 쉬거나 방학 때 약물을 쉬는 방법도 있습니다. 그럼에도 성장 속도가 더디다면 소아청소년과 진료를 받아 보는 것을 권합니다.

ADHD 약물은 언제까지 복용해야 하나요?

개인에 따라 차이가 있지만, 단지 2, 3개월 정도의 짧은 약물 복용으로 ADHD 증상이 해결되지는 않습니다. ADHD는 기본적으로 소아기에 시작해서 청소년, 성인기까지 길게 지속되는 질환입니다. 청소년기까지 증상이 지속되는 경우가 60~70퍼센트, 성인기에도 지속되는 경우가 50~60퍼센트 정도입니다. 따라서 치료도 긴 호흡으로 생각해야 합니다.

특히 단기간만 약물치료를 하고 중단한 경우 거의 증상이 그대로 다시 돌아오게 됩니다. 앞서 언급한 ADHD 치료 약물이 뇌의 발달을 도와 뇌가 충분히 성숙하기 위해서는 수년 이상의 꾸준한 약물치료가 필요합니다. 이렇게 ADHD 약물치료는 복용하는 중에 뇌 기능의 정상화를 만들고, 장기적으로 복용하면 뇌의 발달 지연성을 정상화하는 것에 영향을 줄 수 있습니다. 실제 진료 현장에서 ADHD 치료 약물을 장기적으로 복용하고 증세가 많이 좋아져 치료를 중단한 사례를 소개합니다.

초등학교 2학년 동준이는 학교와 학원에서 단체 생활에 어려움을 크게 겪고 있었습니다. 통제가 안 되고 하지 말라는 행동을 자꾸 반복했기 때문입니다. 게다가 다른 친구들이 자신을 조금만 불편하게 해도 앙갚음을 해 버렸습니다. 선생님들이 지도하려고 해도 대답을 안 하고 버텼고, 친구에게 사과하라는 요구도 절대 듣지 않았습니다. 동준이는 영어 학원, 태권도 학원에서 더이상 나오지 말아 달라는 요청을 들었습니다. 가정에서도 어려움이 컸습니다. 공부하라고 하면 반나절을 버티며 화를 내고 물건을 던지기도 했습니다.

동준이의 종합지능은 평균 수준으로 기본적인 인지 발달은 큰 문제가 없었습니다. 하지만 처리 속도와 작업 기억 등 인지 효율이 저하된 양상을 보였습니다. 정서적으로 다소 위축되어 있었고, 또래 관계에서 소외감을 느끼고 있었습니다. 부모님은 아이에 대해

지지적인 양육 태도를 보였습니다. 동준이는 ADHD로 진단되어 약물치료를 시작했습니다.

약물치료를 시작하고 몇 주 후 수업 시간에 실수도 줄어들고 학교나 학원 등에서도 이전에 비해 순응적인 모습을 보이기 시작했습니다. 친구들과의 트러블도 많이 줄어들었습니다. 또한 자신이 좋아하는 것을 배우고 잘하게 되면서 부모님과 학원에서 칭찬을 받자 더욱 의욕을 보였습니다. 3년 정도 복용 후 청소년이 된 동준이는 약물의 도움 없이 스스로 해 보고 싶다는 결정을 했습니다. 그래서 부모님과 저도 그 결정에 지지하여 치료를 종결했습니다.

이렇게 동준이는 약물치료를 통해서 주의 집중력, 충동성, 순응도가 개선되며 이전에 비해 훨씬 편안한 생활을 할 수 있게 됐습니다. 약물치료를 통해 단기간에 증상이 좋아진 경우는 많지만, 꾸준히 복용하는 것은 쉽지 않은 일입니다. 동준이의 부모님은 수년간의 긴 치료 기간 동안 꾸준히 약물 복용을 하도록 신경 쓰고 격려했습니다. 뿐만 아니라 안정적인 양육 태도를 견지하며, 아이가 일과를 규칙적으로 하도록 돕고, 좋아하는 일을 하도록 격려하는 모습을 보였습니다. 이런 오랜 노력으로 동준이는 약물의 도움 없이 홀로서기를 할 수 있었습니다.

약물을 중단하고자 한다면 여러 가지 사항을 고려해야 합니다. 일단 약물로 인한 효과와 부작용을 저울질해 봐야 합니다. 증상적으로 약물 복용 후 증상이 경감되어 안정적인 상태여야 합니다. 학교, 가정, 대인관계, 자존감 등 여러 측면에서 편안한 상황이 오래가면 약물치료를 중단해 보며 다시 증상이 악화되지 않는지 관찰해 볼 수 있습니다.

부작용 측면에서는 약물 효과는 미미하고 부작용이 커서 약물을 유지하는 것이 이득이 없다고 보이면 약물 복용에 대해 고민해야 합니다. 혹은 증상 호전이 보이지 않은 경우 악화 요인을 놓치고 있는 것은 아닌지, 다른 공존 질환은 없는지 등을 살펴야 합니다.

현재 아이의 학사 일정이나 생애주기와도 연관이 있습니다. 방학, 졸업, 개학, 입학 등 시기에 맞춰 약물을 유지하거나 중단하는 것도 고려될 수 있습니다. 학기 중에는 갑자기 약물을 중단했을 때 증상이 악화될 가능성이 있어 추천하기 어렵습니다. 방학 때는 학교생활에 대한 스트레스도 적어서 약물을 중단하기 좀 더 적합한 시기라고 할 수 있습니다. 스트레스가 줄어드는 환경으로 이동하게 될 때도 좋은 시기라고 할 수 있습니다. 학업 부담이 줄어드는 학교로 전학하거나 졸업하는 시기도 약물을 중단하고 증상을 관찰하기에 좀 더 좋다고 할 수 있습니다.

또한 발달적으로 아이가 청소년기에 들어가면서 약물 복용을 강하게 거부하고 이를 부모가 강제하기 어려운 상황도 있습니다. 청소년기는 자기주장이 강해지고 독립된 개인으로 홀로서기를 하려는 발달적 특성이 있기 때문입니다. ADHD 증상과 청소년기가 중첩되어 더 힘들어질 가능성이 크기 때문에 최대한 약물 복용을 설득합니다. 하지만 당사자의 의견을 존중하는 것이 길게 봤을 때 더 이로울 수 있습니다.

환경적으로는 현재 가정 환경상 아이의 약물을 중단하고 부모가 좀 더 챙겨 주는 방향으로 할 수 있는 시기인지, 부모가 오히려 더 개입하기 어려운 시기인지도 고려 사항이 될 수도 있습니다. 거꾸로 기숙학교나 해외 생활을 시작해 약물을 관리하기가 어려워져 중단하게 되기도 합니다.

오랜 기간 치료를 유지하다 보면 많은 난관을 마주하게 됩니다. 치료를 하면서 어떤 결정은 의학적인 내용에 기반해서 판단하지만, 어떤 상황에서는 현실에 맞춰서 결정해야 할 때도 있습니다. 의학적 정답은 존재할지 몰라도 개별 아동과 가정의 상황은 각기 다르기 때문에 그대로 적용하는 것은 무리일 수도 있습니다.

약물치료가 효과적이고 중요한 수단인 것은 틀림이 없지만 그것을 실행하는 것은 사람입니다. 따라서 ADHD 아이의 양육자와 치료진이 서로를 믿고 편하게 이야기를 할 수 있다는 것은 치료에 있어 매우 중요한 부분입니다. 신뢰 관계를 맺고 있는 의료진과 상의하며 어려운 과정을 해결해 나가 꾸준한 치료를 유지하게 된다면 언젠가 아이는 증상을 조절하며 자신이 원하는 길로 나아갈 것입니다.

부록

ADHD 아이 양육에 도움이 되는 자료

▪ 사이트

구분		특징
대한소아청소년정신의학회 ADHD 바로 알기 (www.adhd.or.kr)	학회	국내 학회에서 제공하는 진단·치료·부모교육 자료, CATS 프로그램 안내
국립정신건강센터 (www.ncmh.go.kr)	공공기관	ADHD 이해, 치료 과정, 부모 가이드, 지역 센터 연계 정보 제공
서울시교육청 특수교육원 ADHD 학생 지도를 위한 교사용 안내서	서울시교육청	학교에서의 지원 방안, 학습·행동 지도 자료집 제공

▪ 유튜브

✚ 우리 아이 마음 해결사, 우아해

www.youtube.com/@wooahae2022

대한소아청소년정신의학회가 운영하는 공식 채널로, ADHD·틱 장애·불안·우울 등 아동·청소년 정신건강 문제를 사례 중심으로 쉽게 풀어 소개한다. 부모가 실천할 수 있는 구체적 양육 방법과 진료 현장에서의 경험을 기반으로 한 신뢰 높은 콘텐츠를 제공한다.

✚ 우리동네 어린이병원, 우리어린이

www.youtube.com/@woorikidss

소아청소년정신건강의학과 박소영 전문의가 운영하는 채널로, 성장 발달·행동 문제·ADHD·학습·수면 등을 다학제적 관점에서 접근한다. 실제 병원에서 부모들이 가장 많이 묻는 질문에 대한 답변과 현실적인 조언을 제공한다. 현실 육아맘들이 운영하며 전문적인 지식을 알기 쉽게 풀어내는 것이 강점이다.

✚ 쿠크닥스: 멘탈 바사삭 클리닉

www.youtube.com/@멘탈바사삭클리닉

소아청소년정신건강의학과 조성우 전문의가 정신질환, 심리 건강, 뇌과

학 정보를 일반인도 이해하기 쉽게 전달한다. ADHD뿐만 아니라 성인 정신건강, 스트레스 관리, 감정 조절 등 폭넓은 주제를 다루고 있다. 정신의학과 전문성을 바탕으로 최신 연구와 임상 경험을 결합해 설명한다.

▪ 도서

책 제목 / 저자	대상	특징
《말 안 듣는 아이》 러셀 A. 바클리 지음, 안동현·김세실 옮김, 하나의학사(1997)	전문가·부모 공용	CATS 프로그램 교재로도 활용, ADHD 행동치료 매뉴얼.
《ADHD 우리 아이, 어떻게 키워야 할까》 신윤미 지음, 웅진지식하우스(2022)	부모용	국내 연구와 임상 경험 기반의 ADHD 이해와 양육 전략.
《부모 역할 훈련》 토마스 고든 지음, 홍한별 옮김, 양철북(2021)	전문가·부모 공용	효과적인 의사소통과 갈등 해결을 위한 부모 지침.
《못 참는 아이 욱하는 부모》 오은영 지음, 코리아닷컴(2016)	부모용	부모-자녀 관계에서의 훈육·감정 조절 팁, 사례 중심.
《4~7세 조절하는 뇌 흔들리고 회복하는 뇌》 김붕년 지음, 코리아닷컴(2023)	부모용	뇌 발달 이해를 기반으로 한 만 4~7세 아이들의 특성에 대한 전반적인 이해.
《아이에게 딱 하나만 가르친다면, 자기 조절》 김효원 지음, 웨일북스(2025)	부모용	7-13세 아이들의 자기 조절에 관한 구체적인 사례와 실용적인 양육 방법 수록.

책 정보	대상	설명
《부모와 아이 사이》(개정판) 하임 G. 기너트 지음, 신홍민 옮김, 양철북(2025)	전문가·부모 공용	부모와 아이 사이 기본이 되는 대화와 공감에 대한 바이블.
《아동과 청소년을 위한 마음챙김 워크북》 데브라 버르딕 지음, 곽영숙 외 옮김, 학지사(2024)	전문가·부모 공용	실생활에서 바로 사용할 수 있는 154가지 마음챙김 기술.
《ADHD 아동을 향상시키는 12가지 원칙》 러셀 A. 바클리 지음, 김봉석 옮김, 군자출판사(2023)	전문가·부모 공용	집행 기능, 조절 및 실행의 어려움을 바탕으로 ADHD의 올바른 이해를 돕고 양육에 도움이 되는 원칙을 제시.
《발달장애&그레이 존 아이의 미래는 초등 6년에 결정된다》 LITALICO 발달 NAVI 편집부 지음, 일본콘텐츠전문번역팀 옮김, 이담북스 (2024)	부모용	학교생활과 실생활에서 경계선 지능, 발달 지연, ADHD 아동의 행동 개선을 돕는 팁 수록.
《나는 왜 집중하지 못하는가》 반건호 지음, 라이프앤페이지 (2022)	성인용	ADHD 및 주의 집중 장애의 원인과 생활 속 관리 전략, 최신 뇌과학 연구와 임상 경험을 바탕으로 한 자기 관리 지침.
《ADHD와 사이좋게 지내기》 에드워드 M. 할로웰 지음, 김부민 옮김, 시그마북스(2024)	성인용	'행복한 성인 ADHD의 삶을 위한 완벽한 가이드'라는 부제처럼 ADHD의 강점을 포함한 깊은 이해, 실용적인 지침을 쉽고 재미있게 수록.
《어쩌면 ADHD 때문일지도 몰라》 안주연 지음, EBS BOOKS(2024)	성인용	변화하고 발전하는 ADHD 개념, 특히 성인 여성 ADHD에 관해 읽기 쉽게 정리.

주

1 Faraone, S. V., Asherson, P., Banaschewski, T., et al. (2015). Attention-deficit/hyperactivity disorder. Nature Reviews Disease Primers. https://doi.org/10.1038/nrdp.2015.20

2 American Psychiatric Association. (2022). Diagnostic and statistical manual of mental disorders: DSM-5-TR (5th ed., text rev.). American Psychiatric Association Publishing.

3 Arnold, L. E. (2004). Contemporary diagnosis and management of ADHD. Newtown, PA: Handbooks in Health Care.

4 Faraone, S. V., Asherson, P., Banaschewski, T., et al. (2015). op.cit

5 Kooij, J. S. et al. (2018). The role of the circadian system in the etiology and pathophysiology of ADHD: Time to redefine ADHD? ADHD Attention Deficit and Hyperactivity Disorders. https://doi.org/10.1007/s12402-018-0271-z

6 Coogan, A. N., & McGowan, N. M. (2017). A systematic review of circadian function, chronotype and chronotherapy in ADHD. Attention Deficit and Hyperactivity Disorders. https://doi.org/10.1007/s12402-016-0214-53

7 Koepp, A. E., Gershoff, E. T., Castelli, D. M., & Bryan, A. E. (2022). Preschoolers' executive functions following indoor and outdoor free play. Trends in Neuroscience and Education. https://doi.org/10.1016/j.tine.2022.100182

8 Cloninger, C. R., & Cloninger, K. M. (2011). Person-centered therapeutics. International Journal of Person Centered Medicine.

9 Yu, M., et al. (2023). Meta-analysis of structural and functional alterations of brain in patients with ADHD. Frontiers in Psychiatry.

10 Walg, M., & Prior, H. (2021). Prospective and retrospective verbal time estimation in children with ADHD. Advances in Cognitive Psychology. https://doi.org/10.5709/acp-0330-y

11 Mioni, G., Santon, S., Stablum, F., & Cornoldi, C. (2017). Time-based prospective memory difficulties in children with ADHD and the role of time perception and working memory. Child Neuropsychology. https://doi.org/10.1080/09297049.2016.1172561

12 Wallace, J., Boers, E., Ouellet, J., Afzali, M. H., & Conrod, P. J. (2023). Screen time, impulsivity, neuropsychological functions and their relationship to growth in adolescent ADHD symptoms. Scientific Reports.

13 Zylowska, L., Ackerman, D. L., Yang, M. H., et al. (2008). Mindfulness meditation training in adults and adolescents with ADHD: A feasibility study. Journal of Attention Disorders.

14 Van der Oord, S., Bögels, S. M., & Peijnenburg, D. (2012). The effectiveness of mindfulness training for children with ADHD and mindful parenting. Journal of Child and Family Studies.

15 Sultan, M. A., Nawaz, F. A., Alattar, B., Khalaf, E., Shadan, S., El-Abiary, N., ... & Jogia, J. (2025). Assessing the impact of mindfulness programs on attention-deficit/hyperactivity disorder in children and adolescents: a systematic review. BMC pediatrics, 25(1), 32.

16 Aunola, K., Sorkkila, M., Tolvanen, A., et al. (2021). Development and validation of the Brief Parental Burnout Scale (BPBs). University of Helsinki.

17 Kessler, R. C., Adler, L., Ames, M., et al. (2005). The World Health Organization Adult ADHD Self-Report Scale (ASRS). Psychological Medicine.

18 Shaw, P., et al. (2007). ADHD is characterized by a delay in cortical

maturation. Proceedings of the National Academy of Sciences.

19   Hoogman, M., et al. (2017). Subcortical brain volume differences in ADHD in children and adults: A cross-sectional mega-analysis. The Journal of Child Psychology and Psychiatry.

20   Shaw, P., Sharp, W. S., Morrison, M., et al. (2009). Psychostimulant treatment and the developing cortex in ADHD. The American Journal of Psychiatry.

21   Frodl, T., & Skokauskas, N. (2012). Meta-analysis of structural MRI studies in children and adults with ADHD indicates treatment effects. Acta Psychiatrica Scandinavica.

22   Rubia, K., Alegria, A. A., Cubillo, A. I., et al. (2014). Effects of stimulants on brain function in ADHD: A systematic review and meta-analysis. Biological Psychiatry.

23   Mattfeld, A. T., Gabrieli, J. D., Biederman, J., Spencer, T., Brown, A., Kotte, A., Kagan, E., & Whitfield-Gabrieli, S. (2014). Brain differences between persistent and remitted attention deficit hyperactivity disorder. Brain. https://doi.org/10.1093/brain/awu137

진단부터 훈육, 생활 습관, 사회성까지
365일 ADHD 어린이를 만나는 소아정신과 4인의 특급 솔루션

가장 완벽한 ADHD 양육 가이드

초판 1쇄 발행 2025년 12월 10일
초판 2쇄 발행 2026년 1월 16일

지은이 박소영·조성우··고민수·김병욱
펴낸이 민혜영
펴낸곳 카시오페아
주소 서울특별시 마포구 월드컵로14길 56, 3~5층
전화 02-303-5580 | **팩스** 02-2179-8768
홈페이지 www.cassiopeiabook.com | **전자우편** editor@cassiopeiabook.com
출판등록 2012년 12월 27일 제2014-000277호

ⓒ박소영·조성우·고민수·김병욱, 2025
ISBN 979-11-6827-386-3 03590

이 책은 저작권법에 따라 보호받는 저작물이므로 무단 전재와 무단 복제를 금지하며, 이 책의 전부 또는 일부를 이용하려면 반드시 저작권자와 (주)카시오페아 출판사의 서면 동의를 받아야 합니다.

- 잘못된 책은 구입하신 곳에서 바꿔 드립니다.
- 책값은 뒤표지에 있습니다.